이 연구는 2017년 대한민국 교육부와 한국연구재단의
지원을 받아 수행됨(NRF- S1A5B5A07061572)

탈식민주의 여성신학적 성서해석

주변을 살피며 경계를 넘다

최 은 영

주변을 살피며 경계를 넘다

지은이 최 은 영
초판 2020년 8월 12일

펴낸이 배용하
책임편집 배용하
삽화 우주진

등록 제364-2008-000013호
펴낸곳 도서출판 대장간
www.daejanggan.org
등록한곳 충남 논산시 매죽헌로 1176번길 8-54
대표전화 전화 041-742-1424 전송 0303-0959-1424

분류 기독교 | 탈식민주의 | 여성
ISBN 978-89-7071-532-2 03230
CIP제어번호 CIP2020031378

값 10,000원

차 례

들어가는 말

서구 기독교가 한국에 들어온 이래로 오늘과 같이 교회가 사회와 소통하지 못하며 곳곳에서 기독교를 향한 반감이 극에 달한 시기는 없었다. 우리는 20세기 초 일본의 식민지가 되어 교회(종교)에 대한 박해와 탄압 속에서도 자유와 독립을 위해 노력한 유관순 열사를 비롯한 여러 교회 선배들을 기억한다. 1945년 해방과 자유에 이어 이념전쟁으로 남과 북이 나뉘고 유신독재정권으로 어려웠던 7 · 80년대, 민주화와 정의를 위해 노력한 교회들이 있었다. 교회는 사회와 함께 했고 그 아픔과 고 통을 기꺼이 나누려 했으며 실제로 그러 했다.

하지만 지금은 어떠한가? 제국주의와 독재정권 같은 힘의 시대는 사라졌으나 신자유주의적 세계질서는 자본과 소비문화로 사회 깊숙이 들어와 힘없는 이들을 더 힘들게 하고 있다. 교회 역시 어느덧 권력이 되어 이들의 목소리를 듣고자 하지 않는다. 아니 어쩌면 '기독교 진리' 라는 이름으로 더 차별하고 있는지도 모른다.

기독교 전문가들은 교회가 상처 입은 사회적 약자 편에 서기보다, 사회 문제의 원인을 힘없는 이들의 탓으로 돌리는 형태로 탈바꿈되었다고 진단한다. 결국, 교회 역시 사회와 마찬가지로 성공지향과 무한 경쟁의 사회 속에 매몰되어 있는 모습을 본다. 그나마 사회가 인권을 중시하고 민주화를 이루는 동안에도 교회는 경계를 넘지 못하고 더욱 벽을 높여왔고 주변부에 있는 이들과 소통하지 못했다. 대형보수교회를 중심으로 사회적 이슈인 사립학교법(2007), 차별금지법(2007~), 예멘 난민(2018), 퀴어 축제(2000~), 미투 운동(2018~) 등을 거치면서 한국 사회를 비롯한 국제사회에서 규정하는 인권이나 평등사상을 따라가기는 커녕 더 보수화되고 극단적인 반대 모습을 보이기도 한다.

어디에서 그 원인을 찾아야 할까? 대외적으로는 정치, 사회, 경제적인 요인과 대내적으로는 인권감수성 및 개인화된 윤리의식 등을 말할 수 있겠지만, 나는 주요 원인으로 기독교의 경전인 성서의 문자주의적이며 근본주의적 해석 및 사회와 소통하지 않는 설교에 있다고 생각한다.

성서는 단순히 기독교인뿐 아니라 많은 사람에게 교양서적으로서 중요한 위치를 차지해 왔다. 그만큼 시대나 문화를 뛰어넘어 가치 있는 삶의 가치관 및 정신적 자원을 일관되게 제공해 왔기 때문이다. 하지만 20세기를 지나면서 식민제국주의의 종식과 함께 여러 면에서 그 경계가 무너졌다. 하나의 답, 하나의 진리를 사수했던 학문이나 종교에서조차 배제나 차별이 아니라 대화를 하며 차이를 존중하고 있으며, 사회는 인권을 증진시키며 더불어 사는 가치 있는 건강함을 추구해가고 있다.

이 책에서는 경계를 넘어 성서 안의 다양한 주변부에 있는 이들을 통해 새롭게 해석하기를 시도한다. 이 시도를 통해서 그동안 한국교회와 신학이 전통적이고 편향된 성서 이해를 벗어나 더불어 살아가는 멋진 일에 균형을 맞추게 될 것이라 기대한다.

이 책은 세 분야의 사람들에게 도움을 주고자 한다.

첫째, 교회 일반 신도로 일컫는 기독교인이다. 예전처럼 그들은 기독교 신앙의 모든 지식을 목회자에게 의존하지 않는다. 그들은 많은 다양한 정보와 지식을 찾을수 있고 스스로 공부하는 것을 주저하지 않는다. 한국초기 교회 당시 마을의의 최고지식으로 여기고 따르던 시대와는 다르다. 따라서 그들이 전통적인 교리나 성서해석에서 더욱 열린 자세로 성서를 읽는 것이 요청된다. 그리할 때 현재 당면한 신앙과 삶에 어떤 의미를 주는지 비판적이면서도 때론 고민하며 찾아가도록 도울 수 있다.

둘째, 기독교의 지도자인 목회자이다. 교회 내에서 그들의 설교와 가르침이 가진 중요성은 매우 크다. 한국의 대형교회일수록 권력과 함께하며 그것을 지키기 위해 더 보수화되고 제국 중심, 남성 중심의 시각이 담긴 설교에 반영된다. 특히, 성서의 주요인물에 관한 설교에서 특히 신앙의 모범이 되는 인물들이 주로 남성, 성인, 영웅으로 등장했다. 이에 대해 젊고 개혁적인 세대는 외면하기 시작했고, 특히 성 역할 고정관념이 뚜렷한 교회 내 제도와 시스템에 견디지 못하는 여성의 이탈은 더 증가하고 있다. 따라서 목회자의 깊은 성찰과 반성과 변화가 필요하다. 구체적으로 앞서 언급한 지식과 정보를 갖춘 기독교인들과 소통하게 하는 절실한 요청이라고 할 수 있다.

셋째, 기독교를 부정적으로 바라보는 이들이다. 성서 본문을 해석하고 주석하는 학문적 연구도 그동안 소외된 그룹(주변부)에게는 그 관심이 적었다. 이로 인해 인권적인 측면에서 그 감수성이 단순히 이웃사랑으로 설명되지 않는 많은 부족함이 드러났다. 나아가 현실에 그대로 반영되어 젠더, 인종, 계급, 세대 등에서 소위 주류에 들지 못하는 주변 약자들에 대해 무시, 차별하거나 외면하는 존재로서의 교회가 되었고 사회로부터 손가락질의 대상이 되었다. 따라서 반인권적이며 절대적인 진리라는 이유로 불통하는 기독교가 아닌 경계를 넘어 주변과 끊임없이 상생을 외치고 있는 성서라는 것을 알도로 꼭 돕고자 한다. 그런 의미에서 책 본문에서 성서의 책을 약어어로 쓰지 않고 전체이름을 사용한다. 또한 신앙을 갖지 않아도 읽을 수 있고 이해가 능하도록 가급적 기독교적 용어를 순화시켜 사용하고자 한다. 한가지 덧붙이면 신약에 비해 덜 알려진 구약의 내용을 더 소개하며 이해를 돕고자 한다.

주변부를 살피며 상생을 꿈꾼다는 것은

인류의 역사는 편견과 낙인을 벗어나 인간의 존엄성과 평등을 수호하는 쪽으로 발달해 왔다. 이것은 그동안 역사의 중심에서 편견과 낙인으로 쉽게 생략해도 됐던 사람들이 존재했다는 것이다. 그들은 과연 누구일까? 남성이 아닌 여성, 비장애인이 아닌 장애인, 내국인(선주민)이 아닌 외국인(이주민), 성인이 아닌 어린이와 노인, 심지어 인간이 아닌 동물까지 볼 수 있다. 그 범위와 경계는 뚜렷했고 한쪽의 소리만이 정답으로 받아들여져 왔다. 상대적으로 약한 위치에 있는 쪽은 부족하거나 차별받는 존재로서 배제되거나 소외시켜 왔다고 해도 과언이 아니다.

고대 이스라엘 사회에서 형성된 성서는 그 문화적, 역사적 배경을 벗어나기 어렵다. 한국에 전래하여 온 이상 한국의 정신적 토양, 유교주의, 군사주의, 일제식민주의 등이 해석에 영향을 주었다. 따라서 성서에 기록된 대로 믿어야 한다는 근본주의적 성서해석과 성서무오설에 근거하여 한국교회는 짧은 역사를 통해 한국 사회에 깊이 뿌리내리며 성장했다. 상대적으로 남성 중심, 계급 중심, 제국 중심의 성서해석과 교회 설교, 교회 내 제도가 굳어짐으로 인해 주변부를 살피며 상생을 꿈꾸는 것은 더욱 멀어 보인다. 하지만 21세기의 사회와 교회는 새로움을 추구하고 있으며 그 변화의 가능성은 항상 열려 있다.

배경: 신명기 사관과 크리스텐덤

우리는 그동안 소위 '보편적'이라고 생각했던 것이 얼마나 서구백인남성중심적인지에 대해 아는 것이 필요하다. 그 편견과 오만으로 인한 반성과 더불어 저항할 의지를 키우는 것이 필요하다. 성서 안에서, 특히 구약에서는 신명기 사관이 신약과 그 이후 서구 사회에서는 소위 크리스텐덤(Christendom, 기독교제국주의)이 하나의 경계기준이 되어 성서해석과 오늘날 교회공동체에 영향을 주었다.

신명기 역사는 신명기 사가들에 의해 여호수아에서 열왕기하까지의 기술을 의미한다.(G. von Rad, P. D. Miller 등) 대부분 구약학자가 동의하는 대로 일정한 기준을 가지고 신명기 역사가 기록되었다. 당시의 현재적 시점이 아닌 후대 바빌론 포로기 상황에서 자신의 나라를 잃고 종으로 유배되어 와 사는 상황이 반영된 것이다. 거대 제국 바빌론에서 피지배자로 살면서 자신들의 정체성과 신앙을 놓치지 않게 하려는 신학적, 목회적 배경도 생각할 수 있다. 신명기 역사의 특징으로는 첫째, 야훼(여호와 하나님)에 대한 충성(순종) 여부에 따라 축복과 심판을 받는다. 오늘과 같은 능력이나 도덕적 태도로 사람을, 특히 왕을 평가하지 않았다. 이스라엘 왕조에 있어 선한 왕이라는 평가는 야훼와 야훼종교에 대한 신앙과 무관하지 않다. 남과 북이 분열된 왕조시대에도 상대적으로 유다가 속한 남왕조가 야훼에게 순종하여 축복을 받았다고 전해진다. 유다를 중요시 하는 것은 그에게서 다윗과 예수가 나왔다는 전통을 가지는 것과 무관하지 않다. 둘째, 유일신 사상으로 이방종교나 우상숭배금지이다. 오므리라는 북이스라엘의 왕은 다윗, 솔로몬보다 많은 영토를 차지하고 주변 국가로부터 인정받는 유력한 왕이지만, 아들 아합이 이방(외국) 여성 이세벨과의 결혼과 바알종교의 숭배 등으로 그의 자손들에게까지 부정적인 이미지가 덧씌워져 악한 왕으로 평가받는다. 셋째, 예루살렘 중심의 제의 중앙화이다. 당시 여러 종교가 존재했으나 국가 종교형태의 야훼종교는 다윗, 솔로몬

아래로 예루살렘성전이 중심되는 예배 장소였으며 그 중요성은 분열 왕국이 되어도 이어졌다. 북이스라엘은 남유다의 예루살렘성전 대신 벧엘과 단에서 예배할 것(열왕기하 13장 1-9절)을 가르쳤으나 결과적으로 부정적으로 평가받았다. 이러한 특징과 기준에 기초하여 이스라엘의 역사를 기록하였다. 신명기 사관에 따라 이원론적 이해, 외국인과 외국 종교에 대한 차별, 유일신 사상으로 인한 독선적인 신앙 태도의 부정적인 평가가 있다. 하지만 신명기 역사가들은 야훼의 구원사 단절이라는 이스라엘 포로기의 상황에 대한 신학적 대응으로 그의 역사서 안에서 야훼의 구원의 역사를 강조해 왔다는 주장이 주를 이뤄왔다. 나아가 구약학자 김은규에 의하면 율법들 사이사이, 곳곳에 이집트에서 구출해 낸 하나님을 강조함으로써 약소국가임에도 나라의 운명이 제국에 의해 쇠하거나 멸망한 상황에서도 반제국사상을 확실하게 심어주고 있다고 주장한다. 이러한 반제국사상은 성서를 잇는 하나의 원리라고 할 수 있다. 다만 기독교가 제국화되고 권력을 가지게 됨으로써 그 사상이 변질하였을 뿐이다.

하나님이 창조한 기독교세계를 교회와 국가의 두 영역으로 분리하는 논의는 오랫동안 인간의 역사에 영향을 미쳐왔다. 콘스탄티누스 이후 로마는 땅을 지배하던 것에서 종교를 통한 지배, 기독교제국주의 즉 '크리스텐덤(Christendom)'이 되었다. 다시말해 기독교가 제국적 힘을 갖고 그 힘을 행사하게 되었다는 것이다. 하지만 그것은 기독교의 정신에 맞는 것이 아니다.

요한계시록에서 발견된 반제국주의적 저항의 영성. 소아시아지역을 식민지화하였던 로마제국의 도미티안 황제의 통치(AD 81-96) 말기에 저작된 기독교적 묵시문학이다. 그것은 로마제국의 제국주의를 가장 치열하게 비판한 정치적 저항문학의 하나라고 할 수 있다. 이처럼 성서에는 하나의 일관된 신앙전통이 있는 것이 아니다. 때로는 상치되는 신앙전통, 즉 해방의 전통과 반해방의 전통이 공존한다. 물론 반제국주의에 반대하고 저항하는 내용도 있으나, 많이 희석되어 전해졌다고 생각한다. 이를 복구하고 새롭게 형성하는 것이 이 책의 목적이다.

방법: 탈식민주의 여성신학적 성서해석

성서를 해석하는 다양한 해석방법론 중 여성신학과 탈식민주의의 도움을 받아 남성이 아닌 여성, 지배자가 아닌 피지배자의 눈으로 성서를 다시 읽어 보자. 책의 내용은 성서의 인물, 사건 등을 중심으로, 현재 세계에서 일어나는 뉴스와 사회현상 또한 외면하지 않고 연결짓기를 시도한다. 성서 안의 사건에 등장하는 다양한 위치의 사람들을 찾아 주목하지 않았거나 놓친 부분을 찾는다.. 좁고 깊게 보기보다는 기존의 전통적인 성서해석을 넘어서 주류가 아닌 비주류였던 인물들(주변부)이 이야기 안에서 어떻게 필요한 역할과 기능을 하였는지를 새롭게 밝히고자 한다. 때론 의미 없다고 생각한 인물이나 동물, 사건 등에서 하나님의 진리와 정의를 발견할 수 있을 것이다. 이는 주변부를 살필 때 가능하고 상생을 꿈꾸며 살아가는 모든 이들에게 새로운 힘과 도전을 주기를 바란다.

1) 탈식민주의[1)]

성서의 원래 기록은 제국의 힘들에 의해 억압받고 눌려 있는 피식민지의 형태인 이스라엘 상황에서 나왔다는 것은 중요한 의미를 가진다.(바벨론 포로기, 로마 제국 시대 등) 하지만 여기서 끝난 것이 아닌 성서를 소유한 이들이 권력을 가지면서 새로운 제국이 되어 그들의 논리와 기준을 만들고 또 다른 세계에 힘을 휘둘러 왔다. 대체로 서구 유럽에서 시작한 성장중심, 기득권을 가진 기독교는 한국 사회에 그대로 전해지고 강화되어 온 점을 부인할 수 없다. 그 무엇보다 이에 대해 반성부터 해야 한다. 그렇지 않고서는 지금의 젊은 세대나 비기독교인들에게 기독교는 이기적이고 독선적인 집단으로서의 자리매김에서 벗어날 수 없기 때문이다.

근대주의를 뒤덮었던 식민주의의 그늘에 한국을 비롯해 대다수의 피지배 국가들이 생겨났다. 구세대의 식민주의가 군사력과 땅의 정복을 필두로 하였다면, 현대의 식민주의는 금융, 산업 그리고 정보의 힘을 앞세워 삶의 곳곳에 구체적으로 침투해 있고 우리는 이 점을 알아야 한다. 탈식민주의의 대표적 학자인 에드워드 사이드(E. Said)가 말하는 탈식민주의란 육체의 족쇄는 풀렸으나 정신의 굴렁쇠는 아직 식민성의 쳇바퀴를 돌고 있는 주변부의 문화적 각성이며 문화 반란이다. 근대에서 현대로 넘어오며 식민지를 경험했던 전 세계 인구 4분의 3의 머릿속에 자리 잡은 열등감을 극복해야 한다. 식민지 경험은 이

---

1) 탈제국주의, 포스트콜로니얼(postcolonial) 등 용어에 대한 논의가 많지만, 본문에는 '탈식민주의' 로 통일한다.

처럼 깊게 자리 잡아 여러 곳에 영향을 줬으며 현재도 진행 중이다.

탈식민주의는 중심원리가 없는 탈 중심의 논리이지만 책 읽기와 글쓰기 즉 모든 담론에는 알게 모르게 권력투쟁이 도사리고 있다는 미셸 푸코(Michel Foucault)의 주장과도 연결된다. 그는 정치적으로 배제되어온 그룹을 인식하고, 타자들과 타자들을 다루는 지식을 비판적으로 해부하는 타자의 사회학을 전개한다.

성서 본문과 관련된 탈식민주의적 해석은 진리, 지식과 권력 사이의 교차점을 조사하는 새로운 방법들을 제시한다는 점에서 중요하다. 구약성서 역시 배경이 된 고대 이스라엘 사회는 결코 단순하거나 단일한 배경만을 가지고 있지 않기에 해석의 어려움이 따르기도 한다. 특히 고대 이스라엘이 남유다와 북이스라엘로 나뉘어 두 왕조를 이룬 시기에 이들의 정통성을 남유다에 두는 신명기 사가의 관점을 반영했기 때문이다. 이는 국제적으로 훨씬 부강한 나라로 알려진 북이스라엘에 대해 종교적 평가만으로 부정적으로 알려진 부분이 있다.

이와 같은 맥락에서 우리는 성서의 경계를 넘어 존재하는 다양성을 추구하며 읽고 해석해야 한다. 그동안 서구 유럽을 중심으로 한 신학과 성서해석은 서구의 우월성과 보편성을 기준 삼아 강조함으로써 비서구 사회와 문화를 통제하고 지배하려는 식민주의적이고 제국주의적 태도를 보여 왔기 때문이다. 그들이 의도하든지, 의도하지 않든지 간에 피지배국에 해당하는 나라는 수동적인 교육과 이를 내면화하는데 급급했던 것이 사실이다. 그에 따른 어색한 정체성은 자신을 바르게 규정하지 못하고 어정쩡한 상태에서 이중적이며 이기적인 신앙

태도를 보이게 한 원인이기도 하다.

2) 여성(신)학적 성서해석

한국의 여성학자 정희진은 한국사의 진보지식인들이 하는 논의에서 인구의 반(50%)인 여성, 각각 15%를 차지하는 장애인, 동성애자, 절대다수의 비명문대 출신 지방 사람들을 배제하고 있다고 신랄하게 지적한다. 여기서 남성을 비롯한 기득권의 시각을 넘어 볼 수 있는 성인지 감수성이 필요하다. 성인지 감수성이란 성별 차이에서 오는 일상생활에서의 차별을 인지하는 것을 말한다. 넓게는 성평등 의식과 실천 의지까지 포함하는 개념이다.

성서를 비판적 관점에서 읽을 수 있어야 한다. 만약 비판 없이 성서를 읽으면 자신의 편견을 마치 성서의 진리로 오해하기 쉬우며, 그 결과물을 절대적인 것으로 착각하는 결과를 불러올 수 있다. 식민지 시대에 성서의 정복관이 미국의 원주민을 학살하는 기제로 사용된 사례가 그렇다. 여성이나 이주민 등 사회의 약자들을 향한 차별도 같은 맥락이다. 우리가 가진 편견에서 벗어나 성서가 말하는 진정한 메시지를 발견하기 위해 의심하고 비판의 목소리를 내야 한다.

이미 여성 신학을 통해 여성에 대한 억압과 차별을 드러내고 틈새 읽기, 다시 읽기라고 하는 여성 신학적 성서해석을 통해 이들에게 주체성과 힘을 부여해 왔다. 여성학은 성을 이유로 사회에서 겪게 되는 모든 종류의 사회적 불평등의 요소로부터 여성을 해방하는 정치적 운동인 동시에 남성 중심적 사회체계에 대한 기본적인 문화비평, 가부장제 비평이며 궁극적으로는 여성과 남성을 포괄하는 체제를 형성하고자 하는 움직임이다. 이와 같은 여성학의 기본적 입장을 바탕으로 성서를 여성의 시각에서 새롭게 읽고 이해하며 이에 따라 실천하는 것이 여성 신학이라고 할 수 있다.

여성 신학자 피오렌자(E. S. Fiorenza)는 성서를 신화적 원형이 아니라 역사적 모형으로 이해한다. 성서가 당시의 가부장제 문화를 배경으로 여성차별이 있었다고 규정한다. 이는 성서를 기록한 시대의 문화가 반영된 것이지, 하나님이 원하는 이상형이 제시된 것은 아니라는 것이다. 따라서 그 당시 문화의 반영과 하나님이 원하시는 질서 사이를 혼동해서는 안 된다. 성(性)의 차이가 약한 이들을 억압하는 권력이 되지 않도록 하는 것이 중요하다. 피오렌자의 여성 신학적 성서해석은 ①의심(회의)의 해석학, ②선포의 해석학, ③기억(회상)의 해석학, ④창조적 실현의 해석학에 기초해 전개된다. 성서 본문을 읽을 때 절대무오하신 하나님의 목소리로 받아들일 것이 아니라 시대적 상황의 한계를 인지하고 의심하고 회의해야 한다. 그것은 인권을 호도하는 여러 여러 성서의 구절을 비판하고, 저항할 수 있는 근거가 된다. 따라서 그렇게 읽게된 우리는 목소리를 내어 선포해야한다. 아멘이 아닌 아니오를 외칠 수도 있다. 이어 당시를 기억하고 회상하며 틈새 읽기와 다시 읽기를 시도해야 한다. 때로는 놓친 내용을 발견하고 재구성해야 한다. 하나님의 정의와 평화를 구하는 심정으로 말이다. 이를 적극적으로 창조적 실현의 장에서 구현해야 한다. 성서의 말씀에 머무르지 않고 이로 인해 가져온 교회 예배, 구조, 제도, 관행 등에 대해 다시 생각하며 적용할 수 있게 해야 한다. 물론 이 네 단계의 해석방법은 여성 신학 내부에서 학문적 토대를 이룬 이론이기는 하지만, 백인 여성 지식인의 한계로 인한 그 부족함이 있다. 자신의 경험 안에서 알고 해석할 뿐이기 때문이다. 그래서 나는 주류 여성이 가진 한계를 인정하고 장애인, 비백인, 아시아의 토대를 둔 비주류 여성의 입장, 피지배적 위치에서의 성서 교육의 경계(한계)를 확장할 이유를 찾는다.

3) 탈식민주의 여성 신학적 성서해석

먼저 경계 안에서 소외되고 차별받는 여성 이외 경제, 정치, 종교, 인종, 세대 등의 소외된 이들을 밝히는 것이 필요하다. 이에 필요한 성서해석으로 탈식민주의 성서해석과 여성 신학적 성서해석 방법을 같이 사용한다. 그동안 여성신학적 성서해석의 결과로 성서 당시 약자였던 여성의 목소리가 많이 드러났다. 이것도 더 알려져야 하지만, 정치, 경제, 문화로 둘러싸여 있는 고대 이스라엘 사회 속에서 주목받지 못한 이들이 더 있기에 탈식민주의적 성서해석을 통해 이주민, 장애인, 가난한 이, 성 소수자, 어린이, 동물에 관한 이야기도 재구성하는 것이 필요하다.

홍콩 출신으로 미국에서 탈식민주의 여성 신학을 전개하는 곽 퓨이란(Kwok Pui-lan)은 경전의 형성이 권력의 문제라고 지적하면서 공동체 내부에서 여성, 주변인 그리고 가난한 자(민중)는 그들을 위해서 진리가 되어야 할 것을 결정할 권력을 갖지 못했다고 주장한다. 또한 그녀는 모든 탈식민주의성서해석은 모든 상황에 적용할 수 있는 하나의 내용이 없다고도 말한다. 그것은 성서를 읽고 해석하는 이와 이를 듣고 받아들이는 이의 위치를 다시 생각하게 한다. 늘 가르치는 자와 가르침을 수동적으로 받는 자 사이에 있는 관계에서 지식과 권력을 가진 자와 갖지 못한 자 사이의 상관관계가 있음을 발견한다.

캐나다에서 실천신학 교수로 있는 김혜란은 언어가 권력과 직결되어 있다고 주장한다. 언어의 상실과 다수의 힘은 긴밀히 연관되어 있고 나아가 소수를 대변하는 언어의 다양성(heterogenity)과 언어의 독특성(particularity)을 지키는 것이 중요하다. 그는 이주의 문제에서 언어의 중요성을 드러내며 탈식민주의적 해석을 시도해 나가고 있다.

수기르타라자(Sugirtharajah)는 영국 버밍엄대학교 신약학 교수로 탈식민주의적 성서해석을 대중화시키는 데 앞장서고 있다. 그는 성서 본문에서 하위계급과 여성 해방적 요소에 민감하게 반응하며 혼종성, 파편화, 탈영토화 그리고 외국인 이중 또는 다중 정체성과 같은 탈식민주의적 상황들이 서로 영향을 주고받는다고 주장한다. 그의 제자인 박홍순 박사는 자신의 책『마이너리티 성서해석』에서 밝혔듯이 고정되고 유일하고 가치중립적인 정체성을 제안하는 것보다 오히려 다양한 인종, 문화, 사회와의 만남과 접촉 그리고 상호침투의 결과를 통한 혼종적이고 다중적 정체성을 제안하고 인식하는 것이 성서 읽기와 해석의 지평을 넓히는 데 효과적이라고 보았다. 이미 미국의 여성 신학자 로즈마리 류터(Rosemary Ruether)가 지적한 대로 여성 신학을 다룰 때엔 보편적인 유일한 여성 신학이나 여성 신학적 성서해석은 존재할 수 없다는 전제로부터 출발해야 한다는 것과 맥을 같이 한다.

여성 신학적 성서해석은 탈식민주의적 성서해석을 만나며 더 확장된다. 성(性)은 사실 정치, 경제, 사회, 문화 등 다양하게 얽혀 있기 때문이기도 하다. 조금 낯설기도 하지만, 21세기 더 가까워진 지구촌을 경험하며 탈식민주의 여성 신학적 성서해석은 지배문화, 제국의 기준에 맞춰 온 것에 대한 저항이며 상대적으로 반성이기도 하다. 시대는 새로운 해석을 요청하며 이에 대해 우리는 유연하게 대처해야 할 것이다. 성서는 그만큼의 힘이 있다.

우선 성서 안에서 그동안 놓치고 있었던 다양한 삶의 자리에 있는 주변부에 있는 이들을 찾아보려고 시도할 것이다. 그동안 성서를 해석하고 이를 전승한 이들, 주로 남성들의 권력을 다시 생각해 봄으로써 주변부로 돌린 이들과 이들에 대한 고정된 역할이 오늘날 어떤 영향을 주었는지 찾아본다. 차별의 예를 들면 여성, 성소수자에 대한 성차별, 이슬람을 비롯한 종교 차별, 이주 노동자와 혼인이주여성에 대한 인종차별, 가난하고 소외된 생명에 대한 차별을 말한다.

소위 소수자라고 할 수 있는 주변부(여성, 어린이, 장애인, 이주민, 노인 등)에 대한 차이가 차별을 밝히는 것에 그치지 않고 적극적인 해석을 시도할 것이다. 이어 그것을 오늘의 교회와 상황에 연결한다. 결과적으로 성서가 가진 가족, 공동체, 경제, 다문화, 성평등 등에 대한 이해의 폭을 넓힐 것이다.

그러기 위해서는 우리는 먼저 성서가 그 최종 편집양식에 있어서까지 획일적인 것이 아니라는 사실을 염두에 두어야만 한다. 특히 구약성서는 한 시대에서조차도 다양한 시기들을 보여주며 또한 이스라엘 사람들 가운데서도 서로 다른 점들을 반영하고 있다. 다양한 위치에 놓인 여성, 이주민, 동물 등을 성서 본문에서 어떻게 이해했는지 역사비평 방법론으로 해석된 결과에 주목한다. 그리고 서구 백인 여성들이 중심이 된 여성 신학적 성서해석으로 놓친 부분을 탈식민주의 성서해석과 비교하며 이들의 장점을 살리되 한국 상황에 맞는 여성들의 역할 모델을 찾기 위해 노력할 것이다. 나아가 배타적이고 편협한 성서해석에 대해 반성하고 주변부를 살펴 함께 사는 공동체, 더욱 하나님의 정의와 평등에 따른 실천적인 신앙을 격려할 것이다.

참고자료

김은규. 『구약 속의 종교권력』 동연, 2013.

박흥순. 『포스트콜로니얼 성서해석』 예영 B&P, 2006.

오택현, 이인경. "신명기 역사에 나타난 여성." 「구약논단」 14(2003) 49-66.

한국여성신학회 편. 『21세기 세계 여성신학의 동향』 동연, 2014.

Ahmed, Sara. *Strange Encounters: Embodied Others in Post-Coloniality*. New York: Routledge, 2000.

Pui-lan, Kwok. *Postcolonial Imagination and Feminist Theology*. Louisville: Westminster John Knox, 2005.

Said, E. W. *Orientalism* 『오리엔탈리즘』 박홍규 역. 교보문고, 2007.

Sugirtharjah, R. S. ed. *Voices From the Margin-Interpreting the Bible in the Third World*. New York: Orbis Books, 2006.

1장_창조와 인간 이해

중심 단어와 주변 단어

하와, 하나님 형상, 아담, 자유의지, 생명 존엄성, 창조

♬ 들어가기 전에

1. 하나님의 형상은 무엇으로 연상되나요? 왜 그렇게 생각하나요?
2. 모든 인간은 우열 없이 평등하게 창조되었다고 생각하나요?

나는 누구인가? 어디에서 왔으며 무엇을 해야 하는가? 쉽게 답하기 어려운 질문이며 오랫동안 철학이나 종교 쪽에서 논의된 주제이기도 하다. 성서는 비교적 쉽고도 명확하게 답을 하고 있다. 그것은 세상의 처음에 창조주가 있었고 인간은 그의 창조물이라는 것이다. 성서의 가장 첫 구절 "태초에 하나님이 천지를 창조하셨다"(창세기 1장 1절)

에서 알 수 있다. 성서는 세상의 시작을 알려주고 신의 존재와 그의 전지전능한 창조의 능력을 나타낸다. 이를 믿는 사람들에게는 의심의 여지 없이 하나님은 나를 창조하신 분으로 그 놀라움을 고백한다. 하지만 이런 신앙의 영역에 들어오기까지 경계 혹은 그 밖에 있는 이들에게 이를 설명하기는 쉽지 않다. 성서의 내용을 하나님의 말씀으로 그대로 믿고 따르라는 말이 이해되지 않는 사람에게는 폭력적이기까지 하다. 그래서 좀 더 친절하게 그 내용을 설명하고자 한다.

성서는 시대적 한계와 문화적 한계가 있다는 것을 인정해야 한다. 그중에서도 대표적으로 당시 기록할 언어나 도구가 있지 않았다는 것이다. 앞서 언급했듯이 성서는 오랜 전통의 전유물이지만, 당시의 언어는 분명하지 않았고 구전 때문에 전해져 내려오면서 기록의 필요성에 이르러서야 문서로 남겨졌다. 따라서 이에 대한 정확한 기록이라거나 과학적 논리로 설명되지 않는 부분이 있다.

성서의 처음 이야기는 대표적으로 창세기 1-11장에 있는데 이를 '원인론적 설화'라고 한다. 인간의 실존 원인을 찾아 설명하는 것이다. 왜 인간은 태어났으며 어디로 가는지, 이 땅에서 살면서 여러 고통과 불의, 차별 등과 마주치게 되는 것에 대한 이유를 말한다. 선악과 사건, 노아의 홍수사건, 바벨탑 사건 등을 통해 고대인들이 나름대로 생각한 것을 신앙의 관점에서 서술해 놓은 것이다. 사실이 아닌 내용이라는 질문이나 반박에 어떻게 답할 수 있을까?

창조와 타락 이야기는 나라별로 오랜 구전이 되어 내려오기도 한다. 우리나라의 경우 삼국유사에 나오는 단군신화에서는 곰이 인내

하여 여성이 되고 환웅과 결혼해 낳은 단군이 마침내 고조선의 시조가 되었다고 전해 내려온다. 이처럼 고대 근동지역에도 창조신화와 비슷한 에누마 엘리쉬(Enuma Elish)신화가 있고 노아의 홍수사건과 유사한 내용이 있는 길가메쉬(Gilgamesh) 서사시가 있다. 바벨탑이라는 탑을 끝까지 쌓지 못하고 언어가 통하지 않고 흩어진 사건은 다양한 민족과 언어가 생겨난 이유도 이와 같은 원인론적 설명이라고 할 수 있다. 따라서 이는 하늘에서 뚝 떨어진 독특한 내용이 아니라 이스라엘 민족이 역사를 통해 체험한 하나님에 대한 신앙고백이다. 엄밀히 말하면 이스라엘 사람들이 제국 간의 긴장 관계 속에서 형성해 온 유대교 신앙이다. 이러한 전통을 통해 성서는 기록되었고 지금에까지 전해졌다. 고대 이스라엘은 현재와는 다르게 작고 약한 나라에 불과했다. 하지만 하나님은 오히려 그 작고 연약한 것을 통해 역사를 이뤄가셨다. 이러한 고백은 모든 민족, 나라로 확대되는 보편성 가진다..

창세기와 창조 이야기에 대한 이해

세상의 처음 이야기가 담겨 있는 창세기에 대해 알아보자.

창세기의 명칭은 여러 개로 소개할 수 있는데, 한글 성서는 한문을 사용하여 세상 창조(創世)의 기록(記錄), 이야기를 뜻한다. 고대 히브리어로 기록된 히브리성서(맛소라 본문, MT) 창세기 제목은 '처음' 이라는 의미가 있는 히브리어 브레쉬트로 성서가 시작되는 첫 단어이기도 하다. 히브리성서의 제목은 이처럼 1장 1절의 첫 단어가 제목일 경우가 많다. AD 1세기 로마 시대를 지나며 히브리어가 아닌 헬라어를 공용어로 사용하면서 구약성서는 헬라어로 번역해야 했다. 그 결과 칠십인역(LXX)이 만들어졌는데, 제목은 헬라어 번역에 따른 한 자동차 이름으로도 알려진 제네시스(Genesis)이다.

한 가지 기억할 것이 있다. 성서가 창조 이야기부터 시작된다고 해서 기록 역시 창조 이야기가 처음 기록되었다고 역사적으로 이해해서는 안 된다. 성서가 우리가 읽을 수 있는 책으로 전달되기까지 여러 번의 단계(사건화 단계 -) 구전 단계 -) 문서화 단계 -) 정경화 단계 -) 번역단계)를 거친 것이다. 그것은 오랜 시간이 지나 구전 단계에서 필요에 따라 문서로 된 것이기도 하고 후대 이스라엘 후손들이 자신의 상황을 벗어나고자 하는 신학적, 목회적 기록이라고도 할 수 있다. 창조 당시에 펜과 종이가 있었을 리 없지 않은가?

창세는 크게 두 부분으로 나뉜다. 1-11장 원 역사로 역사 이전의 이야기를 담고 있으며, 12-50장은 족장사로 아브라함의 가족 이야기가 기록되어 있다. 사실 창조에 관한 이야기는 그리 많은 분량이 아님에도 한 사람, 한 가족을 선택한 이야기가 중요하게 들어와 있다는 것은 그와 같은 창조의 일은 지금도 계속되고 있음을 알려준다고 할 수 있다.

창세기 1-11장은 원(原)역사라고 불리는 특별한 부분인데, 선사시대(Prehistory)의 이야기이다. 특별히 1-3장에 나오는 창조 이야기, 에덴동산 이야기, 타락 이야기는 세계의 시작과 종말, 인간의 기원과 운명에 관한 신앙적인 해석이다. 이는 단순히 한 나라의 기원에 그치지 않고 이를 고백하는 모두와 연결되며 보편성을 가진다.

창세기 1장과 2장에는 두 번의 창조 이야기가 나온다. 많은 성서 학자에 따르면, 서로 다른 기원을 둔 문서로 이해한다. 1장은 제사장(priest) 계열에서 나온 것(P문서)이고 2-3장은 야훼(Jaweh) 이름이 등장하는 문서(J문서)에서 유래했다는 것이다. 이런 주장이 기반이 되는 문서가설은 19세기 말 벨하우젠(J. Wellhausen)이 정립한 것으로 오경(Torah) 안에 여러 자료, 즉 J(야휘스트(Jahvist)문서), E(엘(el) 문서), D(신명기(Deuteronomy) 문서), P(제사장(Priest) 문서)가 있으며 시기적으로 이 순서에 따른다는 것이다.(통시적 비평) 그러나 최근 연구는 오경의 완성된 큰 틀에서 보려는 것으로 바뀌 가고 있다.(공시적 비평) P문서보다 J문서가 앞선 것임에도 P문서인 1장을 주목할 수 있다. 그 차이를 서술하면 다음과 같다.

창조 본문	창세기 1:1-2:4a(P)	창세기 2:4b-3:24(J)
문체	일정한 패턴; 말씀하시니~ 되었다. ~보시기에 좋았다. 저녁이 되고 아침이 되니 ~날이 지났다.	인간에게 행동할 수 있는 자유와 고통과 죽음, 결함이 있는 인간실존을 보여줌
하나님의 존재	하나님의 명령으로 창조; 절대자	하나님이 행동하고 대화; 의인화
창조의 도구	땅, 물, 식물이 함께 도움	흙(먼지), 갈빗대
인간 창조의 순서	남녀 순서가 없이 동시에 창조	아담 이후 여성(이샤)과 남성(이쉬)이 창조

도표에서 알 수 있듯이 1장 내용은 바벨론 포로 후기, 나라를 잃

고 하나님의 선택된 백성으로서의 정체성에 심각한 위기상황을 조정하기 위해 제사장 계열에서 나온 것이다. 따라서 일정한 패턴과 하나님과 인간이 위계적 관계로 하나님의 말씀은 곧 창조로 이어진 위엄있는 절대적 존재로 알려준다. 이미 존재한 땅과 함께 창조를 이어가고 있는 모습도 주목할 내용이다. 또한 하나님 안의 복수성은 남자와 여자로 창조되었으나 각각 하나의 성(性)만을 강조하기 위함은 아니었다.

> 하나님이 당신의 형상대로 사람을 창조하셨으니, 곧 하나님의 형상대로 사람을 창조하셨다. 하나님이 그들을 남자와 여자로 창조하셨다.(창세기 1장 27절)

창조 이야기를 통해 본 하나님과 인간

인간을 창조하신 분은 하나님으로 사실 인간은 가장 나중에 창조된 존재다. 실제로 하나님의 계획은 창조로부터 시작되고 있다. 모든 창조물을 향해 하나님은 "보시기에 좋았다."라고 하시며 만족해하셨다. 인간 창조 후 "보시기에 매우 좋았다."는 표현은 그 이후 일어날 어떤 것과도 비교할 수 없는 완벽함이었다.

하나님은 말씀으로 세상을 창조하신 전능하신 분으로 알고 있다. 그래서 역사적으로 교리상으로 완전한 '무로부터의 창조'(Creatio ex nihilo)로 잘 알려져 있다. 초대 교부들(오리겐, 터툴리안, 이레니우스, 아타나시우스 등)의 주장으로 어거스틴에 이르러 확립되었다. 이후 기독교 내에서 조직신학에서 강조해 성서신학의 입장과 대치된다. 성서의 내용을 자세히 들여다보면 그렇지 않은 내용이 나온다. 이미 땅과 어둠, 물은 있었고, 땅이 움을 돋게 하고 식물, 나무가 생기도록 돕고 있었기 때문이다.

> 땅이 혼돈하고 공허하며, 어둠이 깊음 위에 있고, 하나님의 영은 물 위에 움직이고 계셨다.(창세기 1장 2절)
>
> 하나님이 말씀하시기를 "땅은 푸른 움을 돋아나게 하여라. 씨를 맺는 식물과 씨 있는 열매를 맺는 나무가 그 종류대로 땅 위에서 돋아나게 하여라" 하시니, 그대로 되었다.(창세기 1장 11절)

하나님이 세상을 창조하신 기간은 총 7일로 6일간의 노동(일)과 1일의 휴식(쉼)했다. 우리 역시 일주일의 주기를 가진다. 창조라는 행위, 즉 노동은 하나님의 독자적인 행동이며 사랑의 행위라고 할 수 있다. 창조된 인간은 노동의 중요성 못지않게 휴식을 통해 찬양과 섬김의 대상이 하나님인 것을 알게 한다. 물론 성서에서는 그것을 따로 강조하지는 않는다.

인간은 하나님의 형상(Imago Dei, Image of God)을 따라 지음 받은 존엄한 존재이다. 우열이나 순서에 따른 차별이 없다. 창세기 1장에는 하나님이 인간을 축복하시는데 사용한 동사, 즉 '생육하라', '번성하라', '충만하라', '정복하라', '다스려라' 가 있다. 이를 서구 기독교 제국문화에서 아전인수격으로 받아들이고 해석하며 많은 땅을 빼앗아

식민화(정복)하고 자연을 파괴하고 건설하는 일에 앞장서 왔다. 필자는 그에 대한 철저한 반성이 있어야 한다고 생각한다.

그러나 성서는 인간이 인간 자체의 존엄성에 대해 알려주는 동시에 자연에 대한 주인이나 지배자로서의 위치가 아닌 관리하며 함께하는 동반자적인 관계를 알려주고 있다. 20세기를 통해 생태 신학이 전해지며 이 내용은 한층 주목받았고, 인간의 이기심은 최근 코로나19 바이러스를 통해 돌이킬 수 없는 위험에 직면하며 각성을 촉구하기에 이르렀다.

두 번째 창조 이야기인 2장의 내용에서는 창조하는데 필요한 재료가 등장한다. 하나님은 흙(아다마)을 사용해 인간(아담)을 지으셨다. 그를 통해 하나님은 말씀하시고 이름짓는 일을 부여하기도 한다. 하지만 하나님이 보시기에 최초의 좋지 않은 일이 일어난다. 그것은 사람이 혼자 있는 것이었다. 비로소 하나님 스스로 계획하고 실행하여 여성(이샤)이 창조된다. 창조 후에 잠에서 깬 남성(이쉬)은 탄성만 지를 뿐이다. 이에 대한 어떤 질문이나 의심도 없다.

> 그때 그 남자가 말하였다. "이제야 나타났구나, 이 사람! 뼈도 나의 뼈, 살도 나의 살, 남자(이쉬)에게서 나왔으니 여자(이샤)라고 부를 것이다." (창세기 2장 23절)

흔히 남성의 갈비뼈에서 여성이 나온 것으로 알지만, 갈비뼈는 수메르어로 '생명'을 의미한다. 생명에서 생명이 나온 것은 여성의 이름이 하와(생명)라는 것과 연결되며 동등한 존재임을 기억해야 한다. 또한 하나님은 아담에게 '돕는 사람(배필)'으로 하와를 언급하시는데, 이는 하나님이 도울 능력이 있는 분으로 표현할 때 쓰는 단어와 같아 당시 가부장제문화에서의 여성의 위치를 다시 생각할 수 있다. '돕는다'라는 히브리어 동사 '에제르'는 하나님이 우리를 도우실 때, 혹은 우리가 도움을 요청할 때 사용하는 단어와 같다.

> 그분은 너희의 방패이시요, 너희를 **돕는 분이시며**(신명기 33장 29절)
> 어서 빨리 나를 **도와주십시오**(시편 22편 19절; 40편 13절; 70편 1절)
> 내(=주)가 **돕는** 힘을 능력 있는 자에게 더하며(시편 89편 19절)

따라서 역사적으로 부차적으로 만든 여성, 이차적인 존재로 남성보다 부족한 에제르라는 단어는 여성에 대한 차별을 다시 보게 하는 중요한 단서가 된다. 도울 능력은 그만큼 잉여의 자원이기 때문이다.

처음 인간은 하나님이 일구어놓으신 창조의 동산에서 살았다. 하나님은 인간에게 에덴동산의 모든 것에 대해 자유를 주고 유일하게 '선악과'를 금하셨다. 하지만 장면은 바뀌어 여성이 창조된 후 여성과 남성과 뱀이 같은 장소에 있고 선악과에 관한 이야기가 이어진다. 이 뱀과의 대화에서 남성은 빠져 있다. 여성은 선악과에 호기심을 보였으며 따서 먹고 남성에게도 주는 행동으로 이어졌다. 이 상황에서 말없이 같이 있었고 선악과를 먹고 있는 남성을 어떻게 이해할 수 있는가? 폭력의 현장에서 폭력을 행사한 가해자와 더불어 보거나 보고도 말리지 않은 방임한 이들 역시 공범이라고 했을 때 아담 역시 무언의 공범자다. 이는 원죄의 기원이 되어 인간 최초의 범죄와 타락에서 비롯된 '원죄' 라는 기독교 교리를 형성하기에 이르렀다. 사실 이는 후대에 정해진 것으로 원죄를 가르친다는 것을 본문상으로는 발견할 수 없다.

하나님은 인간을 찾으셨고 질문을 하자 아담은 하와에게, 하와는 뱀에게, 즉 자신의 잘못을 다른 이의 탓으로 돌리는 모습을 볼 수 있다. 지금의 인간에게도 똑같이 반복해서 일어나는 일로 핑계, 책임을 전가할 대상을 찾는 모습으로 인간의 한계를 보여준다. 불순종의 결과는 남성, 여성, 뱀이 벌을 받고 에덴동산에서 쫓겨나는 것이었다. 하지만 남성이 자신의 힘을 사용하여 일(노동)하고 여성이 임신하여 아이를 낳는 것이 벌로만 볼 수 있는가에 대해서는 다시 생각해 볼 수 있다. 일을 통한 보람과 아이가 주는 기쁨은 그 어느 것과도 비교할 수 없기(축복)에 그렇다. 물론 고대 사회에서 힘든 무게로 다가오는 노동과 출산 시에 갖는 고통은 최초의 인간이 저지른 잘못에 의한 벌이며 저주였다는 것도 인정할 수밖에 없지만 말이다.

처음 여성 하와의 출산에서는 고통이 드러나지 않고 이후 셋째인 '셋' 을 낳을 때까지도 기록이 없다. 하나님께서 여성에게 지운 유일한 벌이라고 할 때 의문이 생긴다. 인간들은 에덴동산에서 쫓겨났고 하나님과 멀어진 상태에서 하와는 아기를 낳았다. 오히려 하나님은 하와를 통해 또 다른 창조의 사역을 이어가고 있다. 그녀 역시 하나님을 찬양함으로써 계속된 신앙인의 모습을 보여준다.

아담이 자기 아내 하와와 동침하니, 아내가 임신하여, 가인을 낳았다. 하와가 말하였다. 주님의 도우심으로, 내가 남자아이를 얻었다.(창세기 4장 1절)

성서에서 본 인간 이해와 하나님 이해

인간은 생명 그 자체로 존엄하다.(생명의 존엄성) 그러나 우리 스스로 얼마나 생명을 하찮게 생각하며 차별하고 있는지 알아야 한다. 인간만이 가진 자유의지(자유)는 인간이 누군가에 의해 움직이는 종이나 로봇이 아님을 아는 것이다. 선하든 악하든 그것을 소유하고 결정하고 행동하는 것은 인간이다. 인간은 단 한 명도 같지 않다. 그만큼 다양하며 그 다양성을 인정해야 한다.(평등) 이처럼 괄호 안의 내용은 민주주의의 대표 정신이며 세계인권선언(1948년)의 기준에도 부합하는 것이다. 이처럼 서구 기독교의 정신은 민주주의에 담겨 있고 이를 회복하기 위해 노력해야 한다.

성서의 저자들은 하나님의 존재를 묻지 않았다. 이미 계신 하나님에 대해 여러 이름이 존재할 뿐이다. 하나님을 이름 지으며 그들의 신앙은 분명해졌다. 하나님의 이름에 대해 몇 가지를 살펴보면 다음과 같다.

1) 여호와 이레 – 준비하시는 하나님

이런 일이 있었으므로, 아브라함이 그곳 이름을 여호와 이레라고 하였다. 오늘날까지도 사람들은 '주님의 산에서 준비될 것이다'는

말을 한다.(창세기 22장 14절)

2) 여호와 샬롬– 평화의 하나님

기드온은 거기에서 주님께 제단을 쌓아 바치고는, 그 제단을 '여호와 샬롬' 이라고 불렀다.(사사기 6장 24절)

3) 에벤에셀 하나님– 도움의 돌이 되시는 하나님

사무엘이 돌을 하나 가져다가 미스바와 센 사이에 놓고 "우리가 여기에 이르기까지 주님께서 우리를 도와주셨다!" 하고 말하면서, 그 돌의 이름을 에벤에셀이라고 지었다.(사무엘상 7장 12절)

4) 전능하신 하나님– 엘 샤다이

한 아기가 우리를 위해 태어났다. 우리가 한 아들을 모셨다. 그는 우리의 통치자가 될 것이다. 그의 이름은 '놀라우신 조언자', '전능하신 하나님', '영존하시는 아버지', '평화의 왕' 이라고 불릴 것이다.(이사야 9장 6절)

주로 강한 힘을 가지고 전쟁에서 이기며 때론 왕으로, 주인으로 섬기게 되는 남성 이미지를 가진 하나님에 대해 어떻게 생각하는가? 하나님을 성(gender)으로 규정할 수 있는가? 주로 남성으로 대변되는 여호와(야훼, YHWH) 하나님은 주, 왕, 성부(아버지) 하나님으로 알려졌고 불러왔다. 그러나 미국의 한 남성신학자 존 캅(J. Cobb)은 하나님을 남성적 측면에만 연관시키는 성차별주의적 언어나 사상으로 인해 역사에서 기독교 메시지의 본래 의미가 왜곡됐다고 지적한다. 여성 신학자 메리 데일리(M. Daly)도 신이 남성이면, 남성이 신이다라고 하면서 남성으로서의 상징적 표현에 반대한다. 절대자 하나님(신)이 성별로 규정지을 수 있는 존재가 아님에도 하나님에 대한 은유와 상징의 표현은 역사적으로 존재해 왔고 지금도 즐겨 사용하고 있다. 그것은 남녀 간의 차이를 넘어 심각한 차별과 억압이 되었다.

여성 신학은 남성, 더 구체적으로는 백인 남성으로 생각되어 왔던 기독교 전통에 처음으로 하나님의 성에 대하여 의문을 제기했다. 샐리 맥페이그(Sallie McFague)의 종교 언어에 대한 비판에 따르면, 세계를 명명하는 사람이 세계를 소유한다고 보면서 서구종교의 언어가 남성 중심적, 가부장적이라고 주장한다. 따라서 하나님에 관한 언어는 인간을 이해하는 사고에도 영향을 주기에 적극적으로 이를 교정할 필요가 있다. 실제로 아버지 하나님에 대한 호칭이 불편하지 않은 사람도 있으나, 폭력적이고 가부장적인 아버지를 보며 자란 어떤 사람에게는 상당히 무섭고도 피하고 싶은 존재로 하나님과 직면할 수 있기에 그렇다.

역사적으로 인간 이해는 지배와 종속의 관계에 기초한 이원론적 사고를 배경으로 해 왔다.(정신/육체, 빛/어둠, 인간/자연, 초월/내재, 남성/여성 등) 비교 때문에 차이는 차별을 가져왔고 그 배경에는 권력이 작용했다. 따라서 우리는 사회의 모든 문제를 이원론적, 이분법적 사고를 넘어서서 보아야 한다.

성서에는 남성으로서만 드러나는 하나님만 있는 것은 아니다. 여성적 이미지를 찾아보면 다음과 같다.

1) 가죽옷을 만들어 입히시는 하나님

주 하나님이 가죽옷을 만들어서, 아담과 그의 아내에게 입혀 주셨다.(창세기 3장 21절)

2) 이스라엘을 직접 낳은 하나님

너희는 너희를 낳은 바위를 버리고, 너희를 낳은 하나님을 잊었다.(신명기 32장 18절)

3) 어머니의 품과 같은 친밀한 하나님

오히려, 내 마음은 고요하고 평온합니다. 젖뗀 아이가 어머니 품에 안겨 있듯이, 내 영혼도 젖뗀 아이와 같습니다.(시편 131편 2절)

4) 어머니처럼 자식을 위로하는 하나님

어머니가 그 자식을 위로하듯이, 내가 너희를 위로할 것이니, 너희가 예루살렘에서 위로를 받을 것이다.(이사야 66장 13절)

하지만 하나님에 대한 여성적 이미지가 대체로 '어머니'로서만 드러나며 그것도 몇 구절에 한정되는 면이 있다. 이는 자칫 여성은 모두 어머니가 되어야 하고 자애로운 어머니상을 강요함으로 모성 이데올로기를 강화할 우려가 있다.

이를 히브리어 단어의 변화를 통해 새로운 의미를 찾을 수 있다. 미국의 여성 신학자이자 구약학자인 필리스 트리블(Phylis Trible)에 의해 발견된 것이기도 하다. '모태'(자궁, 레헴)라는 단 수명사가 복수 명사가 되면 의미의 변화가 일어나는데, 하나님의 자비, 긍휼에 쓰이는 '라하밈'이 된다. 여성에게만 있는 유일한 기관인 자궁을 통해 하나님의 속성을 드러내고 있다는 점을 주목할 필요가 있다. '모태'라는 은유적 표현은 하나님의 자비 속성으로 확대되어 여성적 이미지를 부각한다. 다음의 두 가지 예는 하나님의 긍휼하심을 성서의 남성 이야기를 통해서도 찾을 수 있다. 먼저는 솔로몬의 재판으로 잘 알려진 '두 여성과 한 아기' 이야기이다. 한 아기를 놓고 서로 자기의 아기라고 다투는 두 여성에게 솔로몬이 칼로 아이를 반으로 잘라 각각 하나씩 주라고 말했을 때, 차마 이를 받아들이지 못하고 한 여성이 한 말에 등장한다.

> 그러자 살아 있는 그 아이의 어머니는, 자기 아들에 대한 모정이 불타올라, 왕에게 애원하였다. "제발, 임금님, 살아 있는 이 아이를, 저 여자에게 주시어도 좋으니, 아이를 죽이지는 말아 주십시오." 그러나 다른 여자는 "어차피, 내 아이도 안 될 테고, 네 아이도 안 될 테니, 차라리 나누어 가지자" 하고 말하였다.(열왕기상 3장 26절)

요셉도 오래전 자신을 애굽의 종으로 팔아넘긴 친형들과 재회를 통해 화해로 이끌 때, 이 단어를 사용함으로 여성뿐 아니라 남성에게도 적용될 수 있음을 보여준다.

> 요셉은 자기 친동생을 보다가, 마구 **치밀어 오르는** 형제의 정을 누르지 못하여, 급히 울 곳을 찾아 자기의 방으로 들어가서, 한참 동안 울고(창세기 43장 30절)

여성의 자궁에서 가져온 하나님의 긍휼의 마음은 성을 떠나 모든 이에게서 발견할 수 있다는 것을 확인하였다. 이처럼 한 '성'에 매임 없는 정의롭고 자유로운 하나님 이해는 자신의 이해와 연결된다.

창조물 인간에 대한 성서적 전망

인간은 사랑과 긍휼의 하나님을 온몸으로 이해할 때, 자신을 구체적으로 받아들이고 사랑받는 존재로 인식할 것이다. 이는 경계를 만들고 작은 원에 머무는 이들에게는 불편한 것이겠지만, 누군가를 억압하기 위한 수단이 아닌 존재 그 자체로 평등하게 창조하신 하나님을 이해할 때 그 원은 경계를 넘어 확장될 것이다.

여성이 이차적 창조물로 타락의 주범으로 그간 차별과 억압의 주체를 담당해 왔다. 하지만 그렇게 볼 수 없는 관점을 제공했다. 창조 이야기를 통하여 인간에 대한 성서적 전망을 할 수 있다. 인간은 사랑의 대상이지 증오나 혐오의 대상이 아니다. 인간은 돌봄과 양육이 필요한 대상이다. 하나님은 돌봄과 양육이 필요한 대상인 인간을 사랑하신다. 또한 인간은 누구나 평등한 존재로 차별이나 불평등을 조장해서는 안 된다. 소외되는 이 없이 모두를 하나님의 창조물로 인정해야 한다. 그렇다고 자기 교만이나 자기비하로 이어져서는 안 된다. 자신을 존중하며 가꿀 줄 알며 역사와 문화를 전승하도록 해야 한다. 나아가 인간은 더불어 살아가는 공동체 정신을 가져야 한다. 개인의 이익에 머물러서는 안 되며 약자와 연대하여 정의로운 사회를 위해 노력할 때 하나님께서 인간을 이 땅에 있게 하신 이유를 알 수 있을 것이다.

참고자료

김근주.『나를 넘어서는 성서 읽기』 성서유니온, 2017.

성서와 함께 편.『보시니 참 좋았다』 분도출판사, 1992.

필리스 트리블.『하나님과 성의 수사학』 유연희 역. 태초, 1996.

한국여신학자협의회 편.『여성신학의 새로운 지평』 여성신학사, 2006.

영화

「브루스 올마이티」(2003),「노아」(2014)

사이트

홀리넷. (http://www.holybible.or.kr)

2장_이스라엘 여성 선조와 가족 이해

중심 단어와 주변 단어

사라, 하갈, 리브가, 다양한 가족

♬ 들어가기 전에

1. 내가 생각하는 가족이란 무엇이며 어떻게 가족을 규정할 수 있는가?
2. 가족 중심주의, 모성 이데올로기에서 소외된 이는 누구인가?

한국은 2018년 기준 0.98명의 출산율을 통해 그 심각성이 고조되고 있다. 청년들의 고용률과 결혼율은 비례하여 줄고, 생산가능인구보다 65세 이상 인구는 상대적으로 증가했다.(738만 6천 명) 한국의 노인 빈곤율은 OECD 국가 중 최고이다. 인구의 자연증가 폭도 갈수록 감소하면서 가족 구성원 누구나 힘든 상황이다. 이런 상황에서 가족을 이야기한다는 것이 부모, 자녀로 구성된 이상적인 모델을 강조하기 위함은 아니다. 물론 교회나 사회에서 하나의 가족, 가정의 모습만을 그려온 것도 사실이다. 하지만 다양한 가족 형태가 존재하는 현실에서 그러한 똑같은 외침은 의미가 없다.

가족이 있는 집은 항상 행복한 곳인가? 폭력이나 갈등이 없는 이상적인 곳이면 참 좋겠지만, 현실은 그렇지 않다. 예를들어 가정 내 아동학대도 심각한 수준이다. 보건복지부 산하 중앙아동보호전문기관의 '2017년 전국아동학대 현황보고서'에 따르면 아동학대 사례 건수는 2001년 2,105건에서 해마다 늘어나 2017년에는 2만 2,367건으로 약 10배가 증가했으며 2001년부터 2017년까지 학대 행위자가 부모인 경우가 매년 70% 이상을 차지하고 있었고, 아동보호전문기관에서 보호하는 피해 아동수는 2017년에 1만 8,254명이었다.

가장인 남성은 오랜 가부장제문화 속에서 아내와 자녀를 내 마음대로 할 수 있다는 인식이 있었다. 그것은 때론 힘과 폭력으로 갈등을 제압하려 했고 가정폭력이 끊이지 않는 이유이기도 하다.

가족의 정의와 한국의 가족 상황

가족이 혈연과 혼인 관계 등으로 한 집안을 이룬 사람들의 집단이라고 할 때, 자신의 혈통이 아니고 결혼한 사이가 아니라면 가족이 아닌가? 가족은 심리적으로 이상적인 역할을 하며 재생산을 담당해야 하는가? 실제로 훨씬 다양한 형태의 가족이 존재하며 이상적이길 바라지만 그 어느 곳보다 폭력에 많이 노출되고 정신적 상처를 주고받는 대상이 가족일 때가 많다.

무엇이 정상 가족과 비정상 가족으로 나누는가? 1인 가구는 2017년 28.6%(562만 가구)를 차지했다. 가구 수로 보면 1인 가구가 이미 가장 많다. 그럼에도 부모와 자녀가 있는 가족을 중심으로 정상 가족으로 생각하는 경향이 있다. 출산율 감소, 이혼율 증가, 고령화 사회 속에서 다양한 가족 형태가 있으며 더 늘어날 것이다.(예; 입양 가족, 다문화 가족, 조손 가족 등)

이처럼 가족은 형태나 의식에서, 또한 역사적, 사회 문화적으로 다양하며 한 사회 안에서의 가족 경험도 교육 정도, 경제력, 성, 나이에 따라 서로 다르다. 한 예로, 가부장적인 문화를 배경으로 하여 위계적인 질서 아래 남성이 여성보다 우월하며 여성의 특히 어머니의 희생을 강요하는 것에 대해, 그렇지 않은 민주적이고 자유로운 가족 분위기에서 자란 사람에게는 낯설며 때론 억압과 폭력일 수 있다. 이는 전통적으로 남성 중심적이고 가부장적인 한국 사회가 가족문화의 변화에 민감하게 대처해야 할 사항이기도 하다.

가족의 문제는 세대와 계급, 성별과 같은 변수들이 복합적으로 맞물려 있다. 1인가구는 세대, 계급 성차이의 문제가 더 복잡하게 얽혀 있기도 하다.

이처럼 세대별, 계급별, 성별에 따른 분류를 통해 알 수 있듯이 1인 가구의 증가는 계속될 것이다. 참고로 유럽의 1인 가구는 40%에 육박한다고 한다. 하지만 한국 사회가 가족주의를 탈피하고 진정한 개인

세대	20-30대는 결혼이 늦어져서 40-60대는 직장, 자녀 양육, 이혼 등으로 인해, 70대 이상은 고령화로 인해 사별이나 이혼 등으로 1인 가구는 늘어난다.
계급	1인 가구의 50.8%는 저소득층이며 27.1%는 차상위 계층이다. 경제적인 규모로 보았을 때, 가난한 계층이 많은 것을 알 수 있다. 이는 청년실업, 노인 빈곤 등의 문제와도 관련이 있다.
성	1인 가구의 222만 가구가 여성, 192만 가구가 남성으로 나타남에 따라 홀로 사는 여성의 증가는 예측 가능하다.

화의 과정을 걷고 있는가에 대해서는 의문이다. 왜냐하면, 전통적인 유교 문화와 남성 중심의 가족, 나아가 집단의 형태를 유지하고 있기에 이를 바꾸어 내기란 쉽지 않기 때문이다. 성서에서는 어떻게 말하고 있으며 우리는 어떤 전망을 할 수 있을지 살펴보도록 하자.

성서의 배경이 되는 가부장제

가부장제의 일반적 정의는 가족 중 남성 수장이 가정 내의 다른 사람들을 지배하는 것을 합법화하고 강화하는 법적, 사회적, 경제적, 정치적 관계의 제도로 성서의 문화적 배경이 된다. 족보 역시 남성 중심이며 여성은 남성과 결혼을 하여 그 집안의 대를 이어주는 역할이 가장 중요하였다. 그렇기에 여성이 오랜 기간 다른 어떤 것보다 아들을 낳지 못한 것을 수치스럽게 여겼다. 그렇게 불임 기간을 통해 어렵게 낳은 아이는 늘 아들(이삭, 요셉, 삼손, 사무엘, 세례요한 등)이었고 성서에서 중요한 역할을 한 존재였다. 상대적으로 여성의 역할이 가정 안에서 어머니로 한정된 것이기도 하다.

여성 신학자들이 만든『여성신학사전』에는 가부장제를 '하나님의 뜻이요 자연질서로 합법화하는 것을 거부하고 그것을 선한 인간관계의 죄스러운 왜곡이요, 창조물에 대한 하나님의 참된 명령으로부터의 배신'으로 정의하고 있다.

성서의 모든 본문이 똑같이 가부장적이거나 가부장제의 모든 표현이 억압적이라는 말은 아니다. 성서 대부분은 여성들이 쓰지 않았고, 여성을 염두에 두고 쓰인 것이 아닌 본문이기에 대나 퓨얼(Danna Nolan Fewell)은『이념적 성서해석: 페미니스트 비평』에서 성별은 단순히 '차이의 문제'가 아니라 '권력의 문제'라고 보았다. 성서를 기록하고 그것을 읽을 수 있었던 이들은 남성 기득권이었음을 부인하기 어렵기 때문이다. 그러므로 가부장제를 현대의 가정들이 그대로 본받아야 할 모범적인 가정상이나 사회상으로 받아들여서는 안 된다.

이스라엘 여성 선조들의 가족 형태

지금까지 우리는 아브라함으로 시작하는 남성족보에 익숙하였고 이에 대한 의문을 제기하지 않았다. 하지만 여기서는 사라, 하갈, 리브가를 중심으로 가족을 살펴보고 고정된 가족의 형태를 달리 보자.

1. 사라

창세기 12-50장은 족장 시대를 배경으로 한다. 사실 역사적 흐름을 따라 성서는 전해주고 있지만, 이는 훨씬 후대에 기록된 것으로 믿음의 선조에 대해 전해진 신앙적인 교훈을 담고 있음을 기억해야 한다. 아브라함과 사라로 이어진 가족은 이 내용에서 주요인물들이다.

아브라함과 아들을 중심에 두고 사라와 그의 종 하갈의 갈등이 일어난 것처럼 보이지만 다시 생각해 보았으면 한다. 잘 아는 대로 아브라함과 사라는 하나님으로부터 자손의 축복을 받았으나 아이가 없었다. 대를 이으려는 방편으로 아내 사라는 자신의 몸종 하갈을 아브라함에게 보내 아기를 갖게 했고 아브라함은 그대로 따랐다.(창 16장) 종을 첩으로 삼아 자손을 잇는 도구로만 사용했다. 상상하기 어렵지만, 그런 일이 가능한 시대였고 한국만 해도 축첩제도가 사라진 지 그리 오래 되지 않았다.

이와 연결해 하나를 더 찾을 수 있다. 남편 아브라함이 자신의 목숨을 부지하기 위해 왕(블레셋, 그랄) 앞에서 두 번이나 자신의 아내 사라를 여동생으로 속인 사건이다. 성서에서 대표되는 신앙의 인물 아브라함이 한 것이라 더 어이가 없다. 아내든 여동생이든 왕의 성적 도구로 내주어서는 안되지 않은가? 물론 하나님의 개입으로 실패로 돌아가고 둘 다 안전하게 그곳을 빠져나올 수 있었지만 말이다.(창 12, 20장, 그의 아들 이삭과 리브가에게도 비슷한 일이 일어난다; 26장)

하나님의 약속을 신뢰하고 아들 이삭을 제물로 바치려 한 대단한 믿음을 소유한 아브라함으로 알려졌지만, 이삭이 제물로 하나님께 바쳐지는 이야기에 어머니 사라는 등장하지 않는다. 사라는 기꺼이 남편을 위해 여동생이 되어 왕의 파트너가 된 것과 젊은 여종 하갈에게 남편의 자식을 낳게 하는 주체적인 모습과는 대조적이다.

사람들은 같이 한 사라를 빼고 하나님은 언약을 맺은 아브라함만 부각한다. 우리는 아브라함만 기억하고 있는 것에 대해 의문을 제기해야 한다.(이사야 51장 2절) 하나님은 창조된 세계의 모든 것을 포용하기 위해 어떤 자격이나 조건을 가진 이가 아닌 가장 구체적인 한 개인에게 찾아오셨다는 것이 중요하다. 이는 지금도 계속되고 있으며 하나님은 지금도 찾고 계신다는 것을 알아야 한다. 하지만 그 한 사람이 꼭 아브라함이든, 사라든 중요하지 않다.

2. 하갈

창세기 12-25장을 좀 더 확장된 의미에서 대칭적 구조로 분석해 보면 다음과 같다.(C. Westermann)

A. 아브람의 가정 배경과 계보 (11:27-32)

B. 약속 (21:1-9)

C. 사래에게 닥친 위험 (12:10-20)

D. 아브람과 롯 (13:1-14:24)

E. 계약 (15:1-21)

E1. 하갈-이스마엘 (16:1-16)

E'. 계약 (17:1-27)

E' 1. 사라- 이삭 (18:1-15)

D'. 아브라함과 롯 (18:16-19:38)

C'. 사라에게 닥친 위험 (20:1-18)

B'. 약속의 성취 (21:1-12:19)

A'. 아브라함과 사라의 죽음 그리고 그들의 계보(23:1-20;25:1-18)

위의 구조는 아브라함이 아닌 하갈과 이스마엘 이야기가 그 중심에 위치함과 동시에 약속의 성취라는 점에서 그 중요성은 한층 주목받고 있다. 하갈은 여성, 종, 이집트인(이스라엘 편에서는 외국인)에서 아브라함의 아내, 한 민족의 어머니로 변화되었다. 성, 계급, 인종의 삼중의 억압과 차별을 받은 하갈이었으나 그를 통해 여러 새로운 통찰을 얻게 된다. 다음에서 그녀의 정체성을 찾을 수 있다.

첫째, 하나님의 사자와 대면한 첫 외국 여성(창세기 16, 21장)으로서의 하갈이다. 성서의 배경은 이스라엘로 그 내용에 있어서 하나님의 선택된 나라, 민족이라는 생각에서 벗어나지 못한다. 그런 속에서 외국인, 그것도 여성 노예였던 하갈을 하나님이 먼저 찾아 만나시고 그의 상황을 누구보다 잘 알고 계심을 보여준다.

둘째, 최초로 하나님의 이름을 지은 여성으로서의 하갈이다. 나를 살펴보시는 하나님(엘로이)으로 자신이 만난 하나님을 고백하고 있다. 앞장에서 하나님의 이름에 대해 살펴보았다. 주로 장소나 상황을 통해 하나님의 능력을 드러내는 이름이었으나 하나님을 이름 짓는다는 것은 그것도 이집트 출신 여성 노예의 신앙고백에서 나온 것은 더 큰 의미가 있다.

셋째, 아들 이스마엘로 이어지는 새 민족의 어머니 하갈에 대한 약속이다. 앞서 아브라함을 통해 언약을 맺고 민족을 번성하게 하겠다는 말씀과 같은 약속을 하갈에게 하고 있다. 이는 더는 구약성서에서 찾을 수 없고 신약성서에서는 사라와 반대되는 부정적인 여성상으로 하갈이 평가되고(갈라디아서 4장 21-31절) 이후 이슬람교로 발전되어 더 큰 갈등의 고리가 되지만, 다시금 하나님의 약속으로 돌아가 이해할 필요가 있다.

넷째, 억압당하는 여성들의 대표로서의 하갈이다. 사실 한 집의 종으로 강제 임신과 출산을 강요받았지만, 계속되는 억압에 광야로 도망간 것이다. 종의 위치에서 주인의 아이를 임신한 상태에서 도망할 수 있는 하갈의 용기는 오늘날 차별과 폭력으로 고통당하는 여성들과 연결된다. 그가 가만히 있지 않고 행동했으며 두 번의 광야에서의 경험은 하나님의 사자를 만나고 약속받는 일로 이어지게 된 것이다.

다섯째, 일부다처제의 모습을 보게 한 첩과 서자로서의 하갈과 이스마엘이다. 이들은 존재감을 인정받지 못하고 본처인 사라에 의해 쫓겨났다. 성서의 내용을 믿고 따른다고 해서 한 남성이 여러 아내를 두어도 된다는 의미는 아니다. 아들을 낳지 못한 사라와 그 종 하갈 사이의 갈등조차 일부다처제, 가부장제의 폐해로 보인다. 하나님은 쫓겨난 모자가 겪는 죽음의 위기 속에서 만나 주시고 새롭게 살아갈 용기를 주신다. 후에 하갈은 아들 이스마엘을 위해 며느리를 선택하는 모습도 보여준다.

3. 리브가

우리는 아브라함, 이삭, 야곱으로 이어지는 족보를 잘 알고 있다. 유연희 박사는 자신의 학위논문을 책 『아브라함과 리브가와 야곱의 하나님』으로 출간했는데, 남성, 그것도 장남 중심의 족보에서 다르게 발견되는 지점을 논리적으로 풀어내고 있다. 즉 이삭이 아닌 여성 리브가, 장남 에서가 아닌 차남 야곱이 그렇다. 이를 참고해 창세기 22-29장의 구조를 나눠보면 다음과 같다;

- 서막(prologue): **리브가의 도래** - 리브가의 출생(창세기 22:20-24, 창세기 23장)
- 제1막: **리브가의 소명** - 결혼 (창세기 24장)
- 제2막: **리브가의 파송** - 임신과 출산(창세기 25:19-34)
- 제3막: **리브가의 위기** - 고난 (창세기 26:1-11)
- 제4막: **리브가의 사명성취** - 활동(창세기 26:34-35, 27:1-17, 42-46, 28:8-9)
- 종결(epilogue): **리브가에 대한 회상** (창세기 29:12, 35:8, 49:31, 로마서 9:10)

성서의 구조는 리브가에게 초점을 맞추고 있으며 이삭은 리브가에 비해 역량이 부족한 모습으로 나온다. 이를 네 가지 면에서 보면 다음과 같다.

첫째, 어머니 사라의 노력으로 상속권을 보장받게 된 이삭(창세기 21:8-10)이다. 보통 어려운 역경을 개인이 헤쳐나가는 성서의 인물들에 비해 이삭은 어머니에서 아내로 그 주도권이 넘어간 느낌이다. 어머니 사라는 늦게 태어난 이삭을 지키기 위해 하갈과 이스마엘을 내

쫓으면서까지 그의 대를 이삭에게 전해주고 했다. 이삭은 자신의 상속권 역시 에서와 야곱을 구분하지 못해 차남 야곱에게 상속권을 준다. 당시 일부다처제의 사회에서 족장 중 유일하게 이삭만이 한 명의 아내만 있을 뿐이다.

둘째, 아브라함이 받은 명령에 따라 죽을 고비를 넘긴 이삭(창세기 22장 1-19절)이다. 모두 잘 알고 있는 하나님의 명령으로 아들을 죽여 바치고자 했던 사건이다. 사실 믿음의 조상이라는 별명도 얻게 되는 아브라함으로서는 자기 아들을 담보로 믿음의 시험을 친 것이었다. 하지만 이삭으로서는 자세한 감정에 대해 나오지는 않지만, 상당히 충격이었을 것이고 평생 그 트라우마가 있지 않았을까 싶다. 그래서 자신의 신붓감조차 다른 사람을 통해 찾게 된 청년 이삭(창세기 24장)이다. 아브라함이 종을 시켜 자신의 고향 땅에서 이삭의 아내, 리브가를 데려왔을 때 마을 어귀에서 기다리고 있던 이삭을 기억한다.

셋째, 아내의 임신을 위해 기도한 유일한 남성 이삭(창세기 25장 21절)이다. 성서의 많은 불임여성은 자신의 임신을 위해 고군분투한 면이 많은데, 리브가에게서는 발견할 수 없다. 오히려 남편 이삭이 아내 리브가를 위해 기도했고, 후에 리브가는 에서와 야곱을 낳을 수 있었다.

종합적으로 볼 때, 아버지 아브라함이 하나님께 이삭을 제물로 드리려 했던 아케다(Akedah, 결박) 사건은 이삭의 평생을 통해 트라우마로 작용했을 것이다. 유약한 심성의 이삭과는 다르게 가족의 지도자가 되어 행동하는 리브가를 살펴볼 수 있다. 아브라함이 보낸 종의 제안에 따라 결혼을 결정하고 자신의 가족을 떠나 이삭에게로 가는 모습에서 좀 더 진취적인 미래를 기대하는 리브가를 만날 수 있다.(창세기 24장) 당시 남성 중심적인 사회에서 아들을 낳는 것은 여성에게는 상당히 중요한 것이었음에도 성서의 대표적인 불임여성, 사라, 삼손의 어머니, 라헬, 한나 등과는 달랐다. 오히려 남편 이삭이 기도했고 리브가는 꿈을 꾸고 태중 쌍둥이의 미래를 보게 된다. 하나님의 약속이 장남이 아닌 차남 야곱에게 승계되는 것이었다. 이를 깊게 생각하고 적극적인 행동을 통해 남편 이삭을 속이고 야곱에게 상속권이 가도록 돕는다. 결국 하나님은 가장(아브라함)과 여성(리브가)과 차남(야곱)을 세우셔서 하나님의 계획을 성취해 나가는 일에 쓰임 받았다. 이에따라 가정 안에서 여성 지도자로서 당시의 장남 중심의 가족계보를 바꾼 인물이 리브가였다고도 할 수 있다.

가족에 대한 성서적 전망

역사적으로 가부장제는 생물학적 모성에 집착을 보임으로 여성들을 억압해 왔다. 대표적으로 모성 이데올로기와 가족 이데올로기를 들 수 있다. 모성 이데올로기는 모든 여성에게 모성이 있다고 믿고 어머니로서의 행동 양식을 기대한다. 아이의 제1의 양육자로 여성인 어머니에게 부여하고 모든 책임을 지게 하기에 부당하다. 여성 모두가 결혼하는 것도 아기를 낳는 것도 아니기 때문이다. 또한 어머니에 대한 이상적인 상을 모성으로 각인시켜 완벽한 어머니상을 추구함으로써 경제적 활동을 하는 직장여성이나 경제적 책임을 지는 한부모의 모습은 드러나지도 않는다. 가족 이데올로기는 가족 중심의 이기주의를 말하기도 한다. 부모·자녀가 모두 있는 가족 중심의 가치만을 강화해 또다른 형태의 가족이 소외될 우려가 있다. 따라서 우리는 다양한 가족 형태를 존중함과 동시에 편견과 차별이 생기지 않도록 경계해야 한다.

대안적인 한 예로 '가족 구성권'을 생각해 볼 수 있다. 그것은 반드시 혈연이나 혼인으로 맺어진 가족만을 가족으로 보는 것이 아니라 한 가구 안에 다양한 형태로 있게 되는 가족 구성원의 권리를 인정하는 것이다. 이는 생명을 돌보고 키워내는 일에 주양육권자가, 교회가, 사회가 함께해야 함을 의미한다. 기존사회의 차별적 제도와 관습의 틀을 깨고 모든 개인의 존엄과 가치에 입각한 사랑과 평등의 공동체적 연대가 필요하다. 그러기 위해서는 가족 중심의 이기주의에서 벗어나며 나아가 관계 빈곤을 벗어날 수 있도록 여러 방면으로 노력해야 한다. 그 당위성을 예수의 가르침에서 찾을 수 있다.

> 하늘에 계신 내 아버지(=하나님)의 뜻을 따라 사는 사람이 내 형제요 자매요 어머니이다.(마태복음 12장 50절)
>
> 사람이 죽은 사람들 가운데서 살아날 때는, 장가도 가지 않고 시집도 가지 않고, 하늘에 있는 천사들과 같다.(마가복음 12장 25절)

예수에게서 가족에 대한 집착이나 이기심이 보이지 않는다. 오히려 독자적인 주체성을 인정하고 그 길을 알려주고 계신다. 지금의 가족, 교회의 모습을 되돌아보게 한다. 반대로 울리히 벡(Ulrich Beck)이 『위험사회』에서 말한 것처럼 개인은 위험에 취약한 존재이다. 사회적 안전망이 필요하다. 성찰하고 연대하는 개인을 만들어야 한다. 하나님 앞에 온전한 나 개인으로 살면서 주변과 연대를 하고 위험사회를 극복하는 일이 어떤 가족보다 중요한 것임을 인식하는 것이 필요하다.

참고자료

김희경.『이상한 정상가족』 동아시아, 2017.

김혜란, 최은영.『성서에서 만나는 다문화이야기』 대장간, 2013.

레티 M. 러셀 · J. 샤논 클락슨.『여성신학사전』 황해경 역. 이화여대출판부, 2003.

벨 훅스.『행복한 페미니즘』 박정애 역. 백년글사랑, 2004.

앙드레 뷔르기에르 외.『가족의 역사』 정철웅 역. 이학사, 2002.

울리히 벡.『위험사회』 홍성태 역. 새물결, 2014.

유연희.『아브라함과 리브가와 야곱의 하나님』 대한기독교서회, 2009.

영화

「조용한 가족」(1998),「미쓰백」(2018)

사이트

일다. "많은 사람들이 이제 '정상가족이 허구'라는 걸 알죠"(2019.3.8.) http://www.ildaro.com/sub_read.html?uid=8415&section=sc1

오마이뉴스. "가족의 변화, 4인에서 1인가구로"(2016.2.4.) http://www.ohmynews.com/NWS_Web/View/at_pg.aspx?CNTN_CD=A0002179726

3장_ 출애굽과 안전한 공간이해

중심단어와 주변 단어

브아, 십보라, 라합, 미리암, 공간, 출애굽기

♬ 들어가기 전에

1. 나에게 가장 안전한 공간은 어디인가?
2. 최근 가장 기억에 남는 장소는 어디이며 왜 그렇게 생각하는가?

인간이 삶을 영위하기 위해서 의식주는 절대적이다. 의식주는 다 아는 대로 입고, 먹고, 자는 기본적인 행위를 말한다. 나아가 욕구단계이론을 전개한 매슬로우(A. Maslow)에 따르면 가장 하위단계인 생리적 욕구가 충족되면 안전의 욕구를 가진다고 한다. 그렇다면 우리는 일상의 공간에서 안전의 욕구를 충족시키며 살고 있는가?

한국사회의 성별 격차지수가 의료, 보건, 교육, 경제 등 다양한 측면에서 꾸준히 간극이 좁혀지거나 비슷하게 변화해왔다. 하지만, 유일하게 안전 부분에서는 그 격차가 벌어지고 있으며 여성은 남성보다 더 안전하지 못하다고 느낀다. 이것은 최근 불거져 온 여성을 대상으로 특정 공간에서 불특정한 이에 의해 일어난 성범죄에서 불법 성착취 영상을 촬영하고 공유하고 거래하는 등, 그 예는 더욱 치밀하고 조직적으로 이뤄지고 있다. 공공장소에서 불법 촬영물을 의식해야 하고 2016년 강남역 사건에서 보듯이 공중화장실에서 여자라는 이유로 죽임을 당한 사건도 일어났고 현재도 계속되고 있다. 그러므로 이를 개인의 문제로 볼 것이 아니라 사회적 문제로 이해해야 한다. 인간은 사적, 물리적 공간 못지않게 사회적 공간이 필요하기에 중요하다.

공간의 기능 및 의미

공간은 살아가는 주거와 관계있다. 일반적으로 공간이 주는 안정성, 보건성, 편리성, 사회성, 경제성, 심미성 등의 기준을 통해 삶의 질이 달라진다. 물론 모두 충족되면 좋겠지만, 그렇지 않다고 하더라도 공간은 생존을 위해 꼭 필요하다. 또한 더욱 만족하고 안전한 공간에서 살고자 하는 욕구가 있다. 다음의 두 학자는 출신 국가나 배경은 다르지만, 공간의 의미와 중요성을 강조하는 것을 주저하지 않는다.

> 인간답다는 것은 의미 있는 장소로 가득한 세상에서 산다는 것이다. 인간답다는 말은 곧 자신의 장소를 가지고 있으며 그 장소를 잘

알고 있다는 뜻이다.(에드워드 렐프 Edward Relph)

공간에 가치를 부여하면 장소가 된다. 모든 민족에게 환경(장소)은 단순한 자원을 넘어 깊은 정과 사랑의 대상이자 기쁨과 확실성의 원천이다.(이-푸 투안 Yi-Fu Tuan)

인간에게 가장 수치스럽고 가고 싶지 않은 장소가 있다면 그곳은 아마 감옥일 것이다. 다음의 두 가지 감옥의 예를 통해 공간에 대한 우리의 생각에 변화를 주고자 한다. 먼저 한국의 교도소에 대한 것이다. 아래 내용은 재판관이 판결문에 인용한 신영복 작가의 「감옥으로부터의 사색」 중 일부이다;

없는 사람이 살기는 겨울보다 여름이 낫다고 하지만 교도소의 우리들은 차라리 겨울을 택합니다. … 여름 징역은 바로 옆 사람을 증오하게 한다는 사실 때문입니다. 모로 누워 칼잠을 자야 하는 좁은 잠자리는 옆 사람을 단지 37℃의 열 덩어리로만 느끼게 합니다. … 가까이에 있는 사람으로부터 미움받는다는 사실은 매우 불행한 일입니다. 더욱이 그 미움의 원인이 자신의 고의적인 소행에서 연유된 것이 아니고 자신의 존재 그 자체 때문이라는 사실은 그 불행을 매우 절망적인 것으로 만듭니다.

앞서 인용한 상상만 해도 끔찍한 감옥과는 다른 예가 있다. 노르웨이의 '바스토이 아일랜드 교도소'인데, 이곳 재소자들은 승마, 스키,

테니스 등의 운동을 마음껏 즐기는 것은 물론 황혼이 물드는 석양 풍경을 감상할 수 있는 별장형 주택에서 죗값을 치른다고 한다. 이같이 하는 이유는 쾌적한 공간과 환경을 통해 죄를 뉘우치고 변화할 가능성을 오히려 높이기 때문이라고 한다. 두 예를 통해 아무리 감옥이라고 하지만, 수용장소에서의 최소한의 공간의 보장은 '죄인'에 대한 배려라기보다는 '인간'에 대한 배려라고 보는 것이 맞을 것 같다. 형벌을 가하되, 인간으로서의 최소한의 지위를 인정해주어 교정시설이 궁극적으로 지향하는 교화가 이뤄지게 하는 것이 감옥이라는 공간이 주는 의미일 것이다.

이어 집에 관한 성서의 두 구절을 비교해 보자. 무엇을 말하고 있는가?

> 죽음을 피하고 영원히 살 생각도 하지 말아라. 누구나 볼 수 있다. 지혜 있는 사람도 죽고, 어리석은 자나 우둔한 자도 모두 다 죽는 것을! 평생 모은 재산마저 남에게 모두 주고 떠나가지 않는가! 사람들이 땅을 차지하여 제 이름으로 등기를 해 두었어도 그들의 영원한 집, 그들이 영원히 머물 곳은 오직 무덤뿐이다.(시편 49편 9-11절)
>
> 만군의 주님, 나의 왕, 나의 하나님, 참새도 주님의 제단 곁에서 제 집을 짓고, 제비도 새끼 칠 보금자리를 얻습니다. 주님의 집에 사는 사람들은 복됩니다. 그들은 영원토록 주님을 찬양합니다.(시편 84편 3-4절)

시편 49편은 인간에게 있어 그 어떤 것도 영원하지 않다는 것을 알려 준다. 결국, 마지막 장소도 무덤이라고 말한다. 반면 시편 84편에서는 누구에게나, 심지어 동물인 참새, 제비까지도 장소가 필요하며, 안전한 보금자리가 있다는 것을 알려준다. 주님의 집으로 지칭되는 오늘날 교회공동체의 의미도 새롭게 할 필요가 있다. 코로나 19가 전 세계 환경을 바꾸는 이때에 일반적인 장소의 경계를 넘게 한다. 성서에는 처음 창조 이야기부터 마지막 종말 이야기까지 공간, 장소에 대해 말씀하고 있다. 창조 시에 최초의 자연환경은 인간에게 녹색지구, 친환경 그 자체였을 것이다. 하지만 어느새 죄가 만연한 세상이 되었다. 넘쳐나는 일회용품과 플라스틱들, 절제하지 못하는 인간의 이기심은 세상의 끝을 다가오게 했다. 이는 '하나님 나라'라는 이상적인 공간을 소망하며 살아갈 것을 알려 준다. 일상의 공간은 물리적 환경뿐 아니라 사회적, 신앙적 환경으로서도 중요하다

출애굽기의 이해와 공간의 의미

성서 출애굽기에서 공간에 대한 의미를 찾아보고자 한다. 출애굽기에서는 이집트제국의 억압 아래 식민지로 고통당한 이스라엘의 처지에서 생각할 수 있다. 주요인물인 모세를 통해 여러 공간, 장소를 찾아보고 하나님이 자유와 해방을 주신 사건을 여러 각도에서 살펴본다.

출애굽기의 기록 목적은 이스라엘을 구원하신 하나님에 대해 알려 주는 동시에 이스라엘과 계약을 맺으시는 하나님에 대한 것이었

다. 이는 역사를 통해 이스라엘 사람들로 하여금 계속해서 제국 이집트에서 약속한 가나안 땅으로 인도하신 하나님을 기억해내는 방식이 되었다. 출애굽기에는 일방적인 하나님의 구원과 그 구원을 이어가기 위한 훈련, 연단, 교육이 기록되어 있다. 따라서 억압에서의 해방만을 의미하지 않고 약속의 땅(공간)으로 가기 위한 필수적인 사건으로 우리의 인생 여정과 닮아있다. 출애굽의 대표적인 지도자로 모세로 알려졌지만 여기서는 그를 있게 한 이들과 함께 공간의 의미를 알아보자.

공간, 모세, 여성들

모세가 태어난 배경에는 이집트 왕 바로가 실시한 이스라엘 민족 말살정책이 있다. 그는 식민지인 이스라엘 사람들이 많아지고 힘이 강해지는 것을 두려워한 나머지, 그 첫 단계로 힘든 노역을 시켰다. 그래도 소용이 없자 두 번째 단계, 즉 히브리 산파를 통해 이스라엘 남자아이를 죽게 함으로써 그 대를 끊어지게 하고자 했다. 하지만 왕보다 하나님을 경외하고 두려워한 히브리 산파 십브라와 브아는 제국의 명령에 불복했고 변명함으로써 저항했다. 그래서 더 강력한 세 번째 단계, 누구는 이스라엘 남자아이는 보는 대로 죽이라고 명령했고 이러한 상황에서 모세가 태어났다. 모세라는 이름은 '물에서 건진 자' 라는 뜻을 가진다. 그는 이집트의 왕자로, 미디안 광야의 목자로, 출애굽의 지도자로 각각 40년씩 120세를 살았다고 전해진다. 상당히 신학적인 숫자이며 상징으로 이해할 필요가 있다.

모세가 태어났지만, 죽음을 피해 더는 집에서 키울 수 없게 되었을 때, 그 어머니 요게벳은 갈대 상자를 만들어 그 안에 넣어 강물에 떠내려 보냈다. 위대한 영웅 뒤에는 여러 조력자가 등장한다. 모세도 예외가 아닌데, 그를 있게 만든 어머니부터 누나 미리암, 양어머니인 바로왕의 딸, 아내 십보라까지 모두 여성이다. 그들은 모세를 살리는 역할을 했고 그가 이스라엘의 지도자로 세워지는 큰 공을 세웠다. 모세를 있게 한 인물을 중심으로 주요한 장소를 몇 가지로 찾을 수 있다.

1) 여성의 자궁, 모태

여성의 자궁은 지극히 사적인 공간이지만, 이를 좌지우지했고 그것이 가능하다고 생각한 이집트제국의 왕 바로가 있었다. 이유는 식민지에 해당하는 이스라엘 사람들이 강성해지는 것을 두려워했다고 성서는 기록한다. 따라서 그 전권을 히브리 산파에게 주어 남자아기가 태어나면 죽이라는 왕의 명령을 그 어떤 사람이 거역할 수 있을까? 그러나 이미 히브리 출신으로 아기 받는 산파역을 수행한 십브라와 브아가 있다.(출애굽기 1장 15-22절) 또한 그의 어머니 이름은 뒤에 언급되지만, 요게벳을 빼놓을 수 없다.(출애굽기 6장 20절; 민수기 26장 59절) 결국, 당시 공적 출산을 담당한 히브리 산파(십브라, 부아)와 개인적 출산을 한 어머니 요게벳의 도움으로 모세는 태어나 생명을 유지할 수 있었다.

2) 이집트왕궁

익히 아는 대로 모세는 집안에서 더 키울 수 없게 되어 갈대 상자에 넣어 강물에 떠나보내게 된다. 그때 누나 미리암은 지켜보았고 모세가 이집트 공주에게 발견되는 것을 목격했다. 이어 이집트 공주는 아버지의 포악한 명령을 알았음에도 불구하고 히브리 노예 출신의 아기를 살렸다. 미리암은 이집트 공주에게 유모로 모세의 친어머니 요게벳을 소개했다. 그 후 모세의 양어머니는 바로의 딸이 되었고 친어머니이자 유모 요게벳은 양육의 대가를 받으며 모세를 돌볼 수 있었다. 아기 모세는 이집트 왕자로 궁에서 안전하게 클 수 있었다. 또한 그가 어떤 어떤 부족함 없이 성장했다는 것을 기대할 수 있다.

3) 미디안 광야

모세가 왜 미디안 광야로 갈 수밖에 없었을까? 그는 동족 이스라엘을 학대하는 이집트 관리를 죽이고 도망갔다고 기록한다. 왕자로서 그러한 권한 정도 없었는가라는 상상을 할 수 있지만, 모세는 어떤 것도 챙기지 않고 간 광야였다. 그곳에서 생활하기란 상당히 불편하고 어려웠으리란 것도 짐작할 수 있다. 그곳에서 만난 십보라와 결혼을 했고 지도자로서의 소명을 받은 것과도 연결된다.(출애굽기 2장 21절-4장 17절) 모세의 생애주기에서 왕궁에서 광야로, 다시 왕궁으로 돌아가 이스라엘 민족을 이끌고 나온 광야에서의 경험은 이집트 바로왕 앞에서 담판을 짓고 이스라엘 민족을 이끌고 광야 생활을 하는데 유용한 것이었다. 그 중심에서 숙련된 역할을 한 아내 십보라를 빼놓을 수 없다.

4) 장남의 죽음을 피한 집

출애굽 사건의 여러 배경을 뒤로하고 모세는 바로와 담판 짓는 과정에서 10가지 재앙이 일어난다.(출애굽기 7장 14절-12장 36절) 여기에 등장하는 것은 이집트의 신들을 상징하며 그것을 재앙을 통해 물리치는 것으로 이해할 수 있다.(피, 개구리, 이; 여기서부터는 이집트의 술사들도 따라 할 수 없었다고 한다, 파리, 악질, 독종, 우박, 메뚜기, 흑암, 장자의 죽음) 또 다른 자연을 사용한 재앙으로 소돔과 고모라(불), 노아의 홍수(물) 사건이 있다. 여기서 마지막 재앙이었던 장남의 죽음 재앙을 장소와 관련해 볼 수 있다.

> 그리고 그 피는 받아다가, 잡은 양을 먹을 집의 좌우 문설주와 상인방에 발라야 한다.(출애굽기 12장 7절)
>
> 문틀에 피를 발랐으면 그것은 너희가 살고 있는 집의 표적이니, 내가 이집트 땅을 칠 때에 문설주에 피를 바른 집은 그 피를 보고 내가 너희를 치지 않고 넘어갈 터이니 너희는 재앙을 피하여 살아남을 것이다. … 주님께서 이집트 사람들을 치려고 지나가시다가 상인방과 좌우 문설주에 바른 피를 보시고 그 문 앞을 그냥 지나가실 것이며 파괴자가 여러분의 집을 치러 들어가지 못하게 하실 것입니다.(출애굽기 12장 13절, 23절)

유월절(Passover)은 죽음이 넘어간 사건으로 집 대문에 양의 피를 바르도록 했고, 이같이 되어 있는 집은 안전할 수 있었다. 즉 죽음을 피한 공간으로 기억할 수 있다.

광야에서 가나안 땅을 향해

1) 광야 생활에서의 기적

40년간 이어질 광야 생활을 통해 하나님의 도우심이 있을 것을 약속했고 1세대가 당시 30년으로 모세에 이어 여호수아로 대표되는 2세대가 약속한 땅에 들어가게 되었다.

광야였으나 결과적으로 안전하였다. 대표적인 기적으로 마라의 쓴 물(출애굽기 16장 22-27절)과 만나와 메추라기(출애굽기 16-17장)를 들 수 있다. 마라의 쓴 물이 먹을 수 있는 물로 변했고 아무것도 없는 광야에 만나와 메추라기를 통해 먹거리가 제공되었다. 이스라엘 사람들은 단 하루에 소진할 수 있는 양만을 거둘 수 있었고 남은 것은 상하여 그 다음 날에는 먹을 수 없었다고 한다. 즉 안식일에는 일을 하지 않고 온전히 쉴 수 있었다. 이와같이 광야라는 공간은 고난의 장이기도 했지만 하나님의 특별한 돌보심이 있는 곳이기도 했다.

2) 구름 기둥과 불기둥(출애굽기 13장 20-22절; 민수기 9장 15-23절)

구름 기둥과 불기둥은 무더운 낮의 해를 가리고 밤의 쌀쌀한 날씨를 피하게 하는데 아주 중요했다. 학자들에 의하면, 하나님께 드린 제사와 연관이 있는데 낮에는 제사 때 피어오르는 '연기'가 구름 기둥으로, 밤에는 불꽃이 불기둥으로 하나님의 임재와 친히 이스라엘 백성들을 인도하신다는 사실을 경험하게 했다.

3) 성막과 안식일(출애굽기 31장 1-18절)

성막이 거룩한 공간, 공간적 성전이라면 안식일은 시간의 성전이요 거룩한 시간의 표징이다. 거룩하신 하나님이 먼저 교제를 원하심으로 성막을 통해 하나님께 나아가는 '예배'가 가능한 것이다. 하나님은 성막에 거하면서 동시에 안식일이라는 거룩한 시간 영역에서 이스라엘과 만나신다는 의미이다. 하나님은 출애굽에 성공한 이스라엘 백성에게 모세를 통해 계약을 체결하였는데 바로 십계명(十誡命; Ten Commandments)이다.(출애굽기 20장, 신명기 5장) 성서에는 십계명이란 단어가 등장하지 않음에도 그 단어가 가지는 힘이 있다. 십계명은 일찍이 구약학자 에발트(G. A. Ewald, 1603~1675)에 의해 정리된 내용이기도 하다. 이는 광야에서 공간을 이동할 때 공동체가 지켜야 할 기본적인 질서이자 약속이 되었다.

4) 라합과 안전한 장소(여호수아 2장, 6장)

이스라엘민족이 출애굽하여 하나님이 약속하신 땅, 가나안으로 가는 데에는 많은 어려움이 있었다. 신앙의 관점에서는 가나안에 대한 완전한 정복으로 이야기되지만, 사실 역사비평적인 관점에서는 이주설이나 부분적인 정복에 더 무게를 둔다. 왜냐하면, 그토록 많은 사람이 한 번에 나와 오랜 시간 광야에 머물렀을 가능성이 희박하기 때문이다. 그렇다고 믿음이 떨어져서는 안 된다. 오랜 구전을 통해 기록으로 남기게 된 배경은 바벨론 포로기 상황에서 온 경향이 강하기에 그들의 신앙고백임을 상기할 필요가 있다.

이 본문은 여호수아가 가나안의 한 도시인 여리고 성을 정탐하러 보낸 정탐꾼들과 라합 사이에 일어난 이야기이다. 하나님이 모세라는 1세대 지도자에게서 다음 세대의 지도자 여호수아를 세운 후 일어난 중요 사건 중 하나이다.

전혀 물리적인 침입이나 전쟁이 아닌 여리고성 주변을 밟으며 걸은 후에 성이 무너진 내용을 통해 하나님의 승리를 박진감 넘치는 영상으로 그려볼 수 있게 한다. 이를 계기로 '땅밟기' 라는 왜곡된 행위를 통해 정복 이미지를 만들어 다른 종교는 물론 믿지 않는 사람들에게 갈등과 부정적인 영향을 끼치기도 한다.

여기서는 여리고 성이 무너지기 전에 일어난 한 사건에 주목한다. 기생으로 여리고에 살고 있던 라합, 그러나 하나님을 신뢰해 정탐꾼을 숨겨 주고 도망가게 도와준 외국 여성이었다. 자기 민족을 배신하면서까지 찾고자 했던 것은 무엇일까? 자신과 가족을 살리게 한 라합은 단순히 기생, 창녀로 몸을 파는 여성이 아닌 오히려 가족을 부양하기 위해 어쩔 수 없는 상황에 처해진 한 사람으로 보인다. 또한 하나님의 큰 역사에 중요 임무를 수행할 수 있었으며 결국 예수의 선조가 된 여성이다.

이로써 라합은 비난하고 배척해야 할 대상이 아닌 비록 외국 여성이며 천한 신분을 가졌다 하더라도 하나님의 구원의 손길은 그를 외면하지 않으셨다는 것을 기억해야 한다. 자신의 생명보다 가족 모두를 위한 그녀의 노력에서 오늘날에도 가족을 위해 희생하는 이주여성, 한부모여성들의 팍팍한 삶을 엿보게도 한다.

신약성서에서도 라합을 믿음의 대표적 인물로 소개하고 있는 것을 볼 수 있다.(히브리서 11장 31절) 이것은 지금까지 여리고 성의 정복에 초점을 맞추어 온 것에 대해 여리고에서 이스라엘로의 장소의 이동에 주목할 수 있다. 그것은 신앙의 변화를 이끌었다고 할 수 있는데, 라합이 타민족 이스라엘에 대한 연민과 믿음의 한 공동체로 이해한 행동에서 비롯된 것으로 볼 수 있다.

5) 도피성(신명기 19장, 민수기 35장, 여호수아 20장)

고대 이스라엘 사회에는 오늘날과 같은 경찰이 있지도, 법과 제도가 분명히 작동하지 않았을 것이다. 이때, 고의적인 살인과 비고의적인 살인을 구분하여 세워진 도피성이 있었다. 도피성이 갖는 의의는 정의의 실현이라는 이름 아래 자신을 보호할 수조차 없는 자를 보호하기 위한 하나님의 자비와 정의를 동시에 보여준다. 실수로 저지른 범죄에 대해 정상참작을 한 것이다. 살인했다는 것은 단지 사회법을 어기는 것이 아니라 하나님의 형상을 파괴하는 죄이며 하나님께 짓는 죄로 보았고 무겁게 다뤄졌다. '눈에는 눈으로 이에는 이로'(출애굽기 21장 23-25절)의 동태복수법을 따른 것이기도 했다.

하지만 고의적 살인과 비고의적 살인의 구별은 미리 준비한 도구, 명백한 의도, 분명한 동기의 유무에 따라 결정되기도 하면서 도피성이 필요했다. 그 대상은 상당히 넓게 해당한다. 이스라엘 사람, 이방인, 거주하는 비이스라엘인, 잠시 거처하는 사람들까지 포함한다. 장소로서의 도피성을 볼 때, 도피성은 전국에 6개 정도 설치되어 쉽게 접근할 수 있었고 길도 잘 닦아 놓여 있었다.(신명기 19장 3절) 도피성 문은 항상 열려 있었으며 누구에게나 개방되어 있었다. 도피성은 단지 법적인 보호만을 주는 것이 아니라 그 안에서 살 수 있도록 모든 것을 공급해 주기도 했다. 오늘날도 종교시설은 치외법권지대로 경찰이나 공권력으로부터 보호를 받는다. 80년대 민주화 운동 당시 명동성당을 비롯해 교회, 사찰 등이 도피성과 비슷한 역할을 하였다.

참된 공간과 토포필리아(topophilia)

도피성 외에도 장소(집)에 대한 성서 구절을 통해 가장 약자의 주거 문제를 해결하며 참된 공간은 하나님뿐이심을 알게 한다.

> 주님은 거만한 사람의 집을 헐어버리시지만, 과부가 사는 곳의 경계선은 세워 주신다.(잠언 15장 25절)
>
> 불의한 이익을 탐내는 사람은 자기 집에 해를 끼치지만, 뇌물을 거절하는 사람은 오래 산다.(잠언 15장 27절)
>
> 하나님만이 우리의 피난처이시니, 백성아, 언제든지 그만을 의지하고, 그에게 너희의 속마음을 털어놓아라.(시편 62편 5-8절)
>
> 마른 빵 한 조각을 먹으며 화목하게 지내는 것이, 진수성찬을 가득히 차린 집에서 다투며 사는 것보다 낫다.(잠언 17장 1절)

누구나 환대하고 환대받는 믿음을 주는 공간을 여러 각도에서 살펴보았다. 주거의 문제가 해결되지 않고 점점 각박해지는 삶 속에서 어쩌면 고통은 피할 수 없는 것이다. 그럼에도 장소는 중요하며 토포필리아(topophilia, 장소애)로서의 공간을 만드는 것은 필요하다. 의미를 부여하고 추억할 수 있는 공간 만들기에 힘쓰는 것이다. 영원히 안전한 공간에 대해 성서에서는 하나님만이 피할 바위와 날개 안과 같다고 기록되어 있다.(시편 18편2절, 61편 4절) 그 안에 자유가 있다. 물론 혼자만의 이기적인 자유도, 제국의 모습으로 남을 해치는 힘이 되어서도 안 된다. 집은 개인적 공간이나 가정적 공간 이상이다. 집은 교회가 될 수도 있고 국가를 지칭할 수도 있다. 교회와 국가로서의 고향은 부족, 커뮤니티, 성, 인종, 노예 그리고 식민지적 궤적을 포함하는 주요 사항들을 포함한다. 교회는 누구나 접근가능한 공간이어야 한다. 그러기에 일부 보수기독교인을 중심으로 진행되는 차별금지법을 반대하는 것은 바람직하지 않다. 생명을 살리고 보호하는 공간을 더 확장하는 일에 교회가 앞장서야할 것이다. 이 일은 물리적 공간을 넘어 건강하고 안전한 사회를 위해 꼭 필요한 것이다.

참고자료

기민석.『구약의 민주주의풍경』 홍성사, 2017.

김은규.『구약 속의 종교권력』 동연, 2013.

김혜란, 최은영.『성서에서 만나는 다문화이야기』 대장간, 2013.

유현준.『어디서 살 것인가』 을유문화사, 2018.

에드워드 렐프(Edward Relph)『장소와 장소상실』 김덕현 역. 논형, 2005.

이-푸 투안(Yi-Fu Tuan)『토포필리아』 이옥진 역. 에코리브르, 2011.

영화

「이집트왕자」(1998),「나니아연대기」(2005)

사이트

국가인권위원회, "구치소, 교도소 과밀수용 – 헌법재판소가 말한 인권"(2017. 11.6.) https://blog.naver.com/nhrck/221131934885

친환경 건축, "바스토이 교도소"(2006.3.27.) http://blog.naver.com/PostView.nhn?blogId=zanjaehong&logNo=60022984542

4장_같은 창조물, 동물권 이해

중심 단어와 주변 단어

발람의 나귀, 동물, 동물권, 상생

♬ 들어가기 전에

1. 우리가 사랑하고, 먹고, 입고, 혐오하기도 하는 것은?
2. 동물에게도 권리가 필요한가?

동물에 대한 문구

> 인간들이여, 당신들이 동물보다 우월하다고 뽐내지 마십시오. 동물들은 죄를 짓지 않지만, 인간들은 자신의 위대함을 가지고 땅을 더럽히기 때문입니다. (도스토예프스키, 러시아 작가)

한 국가의 위대함과 도덕적 진보는 그 나라의 동물이 받는 대우로 가늠할 수 있다. (마하트마 간디, 인도 민족지도자)

동물을 대하는 태도에 관한 한 모든 인간은 나치다. (피터 싱어, 미국 동물해방론자)

동물의 복지는 인간의 복지를 넘어설 수 없다. 동물이 비참하게 산다면 인간도 그만큼 비참하다. (개통령 강형욱)

위의 첫 질문, 우리가 사랑하고, 먹고, 입고, 혐오하는 것에 대한 답은 동물이다. 동물을 사랑하는 사람들이 늘어나서 그들과 가족같이 지내는 반려동물의 수가 급증하고 있음에도 여전히 동물은 우리의 소비재로 많이 사용되고 있다. 우리는 소, 돼지, 닭고기 등을 음식으로 먹으며, 양이나 소, 밍크나 거위 등의 가죽과 털로 된 옷, 가방, 신발 등을 몸에 걸치고 다니는 사람들의 모습을 쉽게 만날 수 있다.

축산산업의 발달로 동물사육과 소비자 역시 기하급수적으로 증가했다. 동물을 사랑한다고 육식을 거부하거나 무조건 비건(채식주의자, began)의 삶을 살라는 말은 아니다. 단지 그 의미를 찾아 선택할 수 있는 여지를 넓히는 것을 제안하는 것이다.

동물 차별

다음의 공통점은 무엇일까?

살충제, 부동액, 브레이크액, 표백제, 탈모제, 잉크,
선탠오일, 마스카라, 헤어스프레이, 페인트.

정답은 예상했듯이 '동물'이다. 즉, 위의 예시들은 동물을 이용한 독성실험을 거쳐 우리 실생활에 들어오게 되었고 지금 우리에게 필요한 것이 되었다.

인간이 동물을 차별하는 이유는 어떤 근거에 의한 것인지 알아보자. 인류 문명사회는 인간 중심적인 사고로 동물은 인간을 위해 존재해 왔다. 성서의 창조 이야기에서도 자연을 다스리고 지배하라는 구절을 모든 동물에게 함께 적용해 왔다. 인간이 동물보다 우월하고 특권적 지위를 누려온 것이다. 동물은 인간과는 다르게 도덕적 권리의 합법적 주체가 아니다. 이것은 지극히 인간 중심으로 해석하고 다뤄온 것이다. 인간중심적인 해석이 동물을 더욱 타자화시키고 차별했다고 할 수 있다. 결국, 이것이 동물이 인간과 구별되는 점이다. 인간은 역사적으로 동물을 종종 힘으로 제압하며 기계를 사용해 실험도구로, 생활에 필요한 것들로 재생산해 왔다.

동물에 대한 폭력과 학대는 몇몇 개인의 병리적 현상이 아니라 사회적으로 합법화되고 제도화된 폭력이다. 따라서 동물에 대한 차별적인 행위는 다양한 방식으로 이뤄졌다. 동물을 대상으로 하는 실험, 집단으로 이뤄지는 동물 사(살)육, 무차별적인 동물 학대 등에 대해 다시 생각해야 한다. 그렇지 않으면 말하지 않고 행동하지 않았던 동물들이 어떻게 변해 우리에게 해를 가져올지 아무도 모른다.

동물권 이해

2018년 3월 20일에 대한민국개헌안이 발표되었는데, 헌법에 '국가가 동물보호를 위해 정책을 수립해야 한다'는 의무를 명시했다. 이는 사람과 동물의 '관계'에 대한 패러다임을 대전환하는 대단히 중요한 변화이다. 세계동물보건기구(OIE, Office International des Épizooties)가 지정한 동물의 5대 자유가 있다. 첫째, 갈증 · 배고픔 · 영양불량으로부터의 자유이다. 둘째, 불편함으로부터의 자유이다. 셋째, 통증 · 부상 · 질병으로부터의 자유이다. 넷째, 정상적 행동을 표현할 자유이다. 다섯째, 두려움과 고통으로부터의 자유이다. 인간의 자유와 크게 다르지 않지만, 분명한 것은 인간이 가지는 권리나 복지만큼의 보장은 하지 않고 있다. 반려동물을 키우는 가구 수가 아무리 늘어나도 인간의 복지를 넘어 동물을 대하지 않는다. 그렇기에 동물 학대와 유기가 곳곳에서 일어나고 있고 사회적으로 큰 문제가 되기도 한다.

동물을 이용한 음식 섭취, 동물을 통한 생필품 제작 등도 있으나, 동물원에 대해서도 생각해 본 적이 있는가? 어린 시절, 동물원에 가면 평소 볼 수 없었던 동물을 만나며 한껏 꿈에 부풀어 오른 기억이 있다. 하지만 이 얼마나 인간 중심적인 사고인가? 누군가(인간)를 기쁘게 해 주기 위해 갇혀 있어야 하고 자신의 고유한 생활환경을 벗어나 좁음과 불편함을 감수해야 한다. 이러한 상황에서 비롯되는 동물의 스트레스 해소법 또한 명확하지 않다. 인간에게 그런 일을 하라고 하면 하겠는가?

동물이 처한 현실과 비슷한 한 예로 18-19세기 서루 유럽국가에서 자행했던 노예제를 들 수 있다. 한창 식민지를 개척할 당시 남성 흑인들을 노예로 데려가 한 곳에 가둬놓고 동물처럼 부리기도 하고 구경의 대상으로 삼은 역사라고 할 수 있다. 실제로 누군가에게 저열한 즐거움을 느끼도록 하는 존재이며 인위적이고 가학적인 시스템에 갇혀 오도 가도 못 하는 신세가 된 동물과 같은 것이었다. 이후 흑인 노예제는 폐지되었으며 그에 대한 진정한 반성과 더불어 절대 되돌아가지 않는다. 동물원에 대해서도 같은 생각이다. 언젠가 다시는 동물에 대해서 무리한 감금과 쇼를 감행하지 않는 날이 올 것이다.

동물의 복지권과 동물권은 바로 이러한 5대 자유에 기반을 두고 있다. 동물 역시 하나의 생명체이고 그 목숨을 소중히 여겨야 하지만, 인간의 건강과 공리적인 관점이 우선시 된다. 그래서 동물실험이 필요하다면 그 한계와 대안을 명확하게 하고 시행할 필요가 있다. 그것은 그들이 그간 경계 밖 존재들이었기 때문이다. 동물은 하등한 존재로 하나님의 창조 시에도 생육하고 번성할 대상으로서의 동물이라고는 하지만, 그 이상의 의미가 있다. 이를 무시하고 인간을 위한 실험 도구로 사용된 동물에 대해 꾸준히 아래의 내용이 적용되고 있다는 것을 기억해야 한다.

<table>
<tr><td rowspan="3">동물 사용을
피하는 대안 3R</td><td>가능한 동물의 사용을 피하는 실험방법으로의
대체(Replacement),</td></tr>
<tr><td>연구에 이용되는 동물 수를 최대한 줄이자는
감소(Reduction)</td></tr>
<tr><td>실험에 이용되는 동물의 고통을 줄이는 개선(Refinement)</td></tr>
</table>

동물해방론자 피터 싱어(Peter Singer)는 동물권을 주장하며 동물이 단지 인간이 아니라는 이유만으로 고통을 받아서는 안 된다고 주장한다. 이는 어느 한 존재의 고통은 다른 존재의 같은 고통과 평등하게 취급해야 한다는 것으로, 공리주의의 입장에 서서 평등을 주장한다.

나아가 앤드류 린지(Andrew Linzey)는 『동물신학의 탐구』에서 동물에 대한 더 큰 고려가 필요하다고 지적하며 관대함의 윤리를 취한다. 이처럼 동물과 인간의 종차별주의에도 맞서며 더 큰 관대함을 추구하라고 요청한다. 결국, 인간과 동물의 차이를 인정하고 공감, 이해와 존중을 할 때 평화로운 공존은 가능할 것이다.

동물이 인간을 위해 존재하는가에 대한 성서의 반론

동물에 대한 차별적 이해는 성서에서 비롯되었다. 공공연하게 성서는 인간 중심이며 하나님도 인간만을 편애하는 것으로 말해져 왔다. 인간의 목적을 위해서 동물을 어떻게 이용하든 옳은 일이라고 주장했고 이성을 가진 인간이 이성을 갖지 못한 동물에게 자애로울 필요가 없다고 가르쳐 왔다.

> 인간을 위해 동물을 이용하는 것은 신의 뜻이며, 사람이 동물을 키워서 이용하는 것은 정당하다.(성 어거스틴)
>
> 동물은 의식 없이 작동하는 기계에 가까워서 동물을 착취하는 것은 도덕적으로 나쁘지 않다.(데카르트)

그러나 하나님은 창조 시에 인간과 동물을 차별하지 않으셨다. 창세기 1장 20-26절에 의하면 물의 생물, 하늘의 새, 집짐승, 기어 다니는 것, 들짐승이 나온다. 하나님은 총 6일간의 창조 과정 중 동물을 창조하는데 2일을 할애하셨다. 이틀에 걸쳐 동물을 창조하신 하나님은 동물을 종류대로 창조하셨다고 전해진다. 이어 하나님의 명령에 순종하는 동물은 땅에 충만하고 번성할 것을 명령받았다. 2장에 의하면 평화로운 자연(에덴)에서 모든 동물이 암수 짝이 있다고 알려준다. 1장과 다르게 동물이 암수가 있는 것에 비해 인간이 짝이 없는 것에 대한 하나님의 고민은 돕는 배필을 만들기에 이른다. 노아 시대에 하나님이 물로 심판하신 사건이 나오는데, 함께 구원받은 동물들(암수 한 쌍(창세기 7장 9절), 혹은 정결한 짐승 7쌍과 부정한 짐승 2쌍(창세기 7장 2-3절))을 볼 수 있다. 홍수가 끝나 물이 빠진 것을 확인할 때 역시 동물(까마귀, 비둘기)이 사용되었다. 후에 하나님의 계약은 인간뿐 아니라 살아있는 모든 피조물과 맺으셨다.(창세기 9장 9-11절)

> 이제 내가 너희와 너희 뒤에 오는 자손에게 직접 언약을 세운다. 너희와 함께 있는 살아 숨쉬는 모든 생물, 곧 너와 함께 방주에서 나온 새와 집짐승과 모든 들짐승에게도, 내가 언약을 세운다. 내가 너희와 언약을 세울 것이니, 다시는 홍수를 일으켜서 살과 피가 있는 모든 것들을 없애는 일이 없을 것이다. 땅을 파멸시키는 홍수가 다시는 일어나지 않을 것이다.(창세기 9장 9-11절)

또한 하나님은 지으신 모든 창조물에 긍휼을 베푸신다.("주님은 모든 만물을 은혜로 맞아 주시며, 지으신 모든 피조물에 긍휼을 베푸신다." 시편145편 9절) 하나님의 긍휼의 대상은 인간만 해당하는 것이 아니라는 것을 분명히 알 수 있다. 나아가 동물보호를 하느냐, 안 하느냐에 따라 의로운 사람과 불의한 사람으로 나눠진다.("의인은 집짐승의 생명도 돌보아 주지만, 악인은 자비를 베푼다고 하여도 잔인하다." 잠언 12장 10절)

성서에서 동물이 등장하는 경우는 크게 세 부분으로 나눌 수 있다. 첫 번째는 부정적 의미로 동물을 어리석게 일컬어 인간에게 교훈을 줄 때이다. "개가 그 토한 것을 도로 먹듯이, 미련한 사람은 어리석은 일을 되풀이한다."(잠언 26장 11절) "그들은 본래 잡혀서 죽을 목적으로 태어난 지각없는 짐승들과 같아서, 알지도 못하는 일들을 비방합니다. 그러다가 그들은 짐승들이 멸망하는 것 같이 멸망할 것입니다."(베드로후서 2장 13절)

두 번째는 하나님이 인간에게 동물을 도구로 사용해 그 뜻을 알리실 때이다. 민수기 21장에서 이스라엘 백성들이 불평하자 하나님은 뱀을 보내어 사람들을 물게 하고 죽게 하였다. 모세가 하나님께 기도한 후에 해결책 역시 (놋)뱀을 사용하셔서 이스라엘 백성이 장대에 매달린 놋뱀을 보았을 때 낫게 했다. 또한 요나서에서는 물에 던져진 요나를 살리기 위해 준비하신 큰 물고기가 있었다. 요나는 그 물고기 속에서 하나님께 기도했고 니느웨로 가서 심판의 메시지를 전하였다.

세 번째는 수동적인 동물이 아닌 말도 하고 생각도 하는 동물이다. 창세기 2-3장에서 인간에게 선악과를 먹으라고 제시한 뱀을 들 수 있다. 앞선 어리석은 동물이나 도구로만 사용된 모습과는 사뭇 다르다. 또한 민수기 22장에서 발람의 나귀가 발람에게 맞아가면서까지 발람의 목숨을 지켜준 긍정적인 모습도 나온다. 어리석은 발람은 이를 깨닫지 못했으나 나귀는 목소리를 내어 자신의 억울함을 토로하였고 하나님 역시 이를 지지해 주신 내용이다. 이처럼 성서의 많은 이야기 속에 동물은 등장하며 그 긴장감을 높이고 새로운 것을 깨닫게 한다. 동물이라는 친근한 소재로서 인간이 신앙심을 고취하게도 한다. 나아가 평등한 세상, 하나님 나라를 경험하게 한다. 다음에서 동물과 관련된 성서의 예를 살펴보자.

1) 아브라함이 아들 이삭을 제물 대신 바친 동물

> 아브라함이 고개를 들고 살펴보니, 수풀 속에 숫양 한 마리가 있는데, 그 뿔이 수풀에 걸려있었다. 가서 그 숫양을 잡아다가, 아들 대신에 그것을 번제를 드렸다. (창세기 22장 13절)

아브라함이 이삭을 바치려 했을 때 하나님이 이를 막으시고 준비해 놓으신 숫양이 있었다. 이삭 역시 하나님께 바칠 제물로서의 동물을 찾았지만, 찾을 수 없었다. 자신이 그 제물을 대신해야 한다고 했을 때 젊은 힘으로 강하게 저항할 수도 있었지만, 그러지를 않았다. 순종의 결과는 죽음이 아닌 새 생명이었다. 기꺼이 이삭을 대신해 드려진 숫양이 있었기에 가능하였다.

2) 이삭과 리브가의 결혼에 역할을 한 낙타

아브라함의 늙은 종의 기도

제가 그 가운데서 한 소녀에게 물동이를 기울여서 물을 한 모금 마실 수 있게 하여 달라 하겠습니다. 그때 그 소녀가 드십시오 낙타들에게도 제가 물을 주겠습니다 하고 말하면, 그가 바로 주님께서 주님의 종 이삭의 아내로 정하신 여인인 줄로 알겠습니다. 이것으로써 주님께서 저의 주인에게 은총을 베푸신 줄을 알겠습니다.(창세기 22장 13-14절)

낙타는 당시 이스라엘인들에게 유용한 동물이다. 뜨거운 해 아래 오랜 시간 함께 목적지까지 짐을 싣고 때론 주인을 태워 주는 역할까지 한다. 아브라함으로부터 이삭의 아내를 선택해 데려오라는 명령을 받고 길을 떠나는 종의 심정은 어떠했을까? 그의 기도를 통해 알 수 있는 것은 하나님의 구체적인 응답을 그와 함께한 낙타들을 통해 얻고자 한 것이다. 이 종은 자신에게 물을 줄 뿐 아니라 함께 한 동물들에게도 물을 먹이는 것으로 리브가의 친절한 마음을 알았고 주인의 아들 이삭의 아내로서 적격 여부를 판단한 것이다.

3) 목소리를 내는 나귀(민수기 22장 21-35절)

그때에 주님께서 그 나귀의 입을 여시니, 그 나귀가 발람에게 말하였다. "제가 주인어른께 무슨 잘못을 하였기에, 저를 이렇게 세 번 씩이나 때리십니까?" (민수기 22장 28절)

십볼의 아들 발락은 모압왕이었는데, 발람에게 사신을 보내 데려오라고 하였다. 한 번의 거절 후에 따라나서는데, 나귀에게 하나님의 천사가 보인 것이다. 하나님의 천사를 본 나귀는 길을 벗어났고 이에 놀란 발람은 나귀를 때렸다. 세 번을 맞은 나귀는 주님이 입을 입을 열 수 있게 해 주어 주인에게 말하게 되었다. 놀림감으로 여기는 것을 두려워하는 발람과 잘못을 하지 않았고 지금까지 주인 발람의 나귀로 버릇없이 군 적이 없다고 말하는 나귀의 모습이다. 결국, 주님의 천사를 발람이 보게 되었다. 그리고 하나님이 나귀에 대해 변호하는 것을 듣게 되었다. 나귀가 자신을 보고 비켜섰기에 발람의 목숨을 살릴 수 있었다는 것이다. 그렇지 않았다면 나귀는 살려두고 발람은 죽였을 것이라고 말한다. 그때야 발람은 자신의 잘못을 뉘우친다.

여기서 동물인 나귀는 하나님의 천사를 알아보는데, 인간인 발람은 못 알아본다. 더 나아가 나귀가 자신이 섬기는 발람을 구하는 행동, 희생적인 헌신을 통해 그 동물이 하나님께 더 가까이 있고, 하나님의 일을 행하는 종으로 그려진다. 주인을 살린 나귀의 모습을 통해 우리는 구원의 하나님을 만난다. 때론 나의 공로나 업적이 아닌 누군가의 희생을 통해 생명이 살게도 된다.

4) 다니엘을 살린 사자(다니엘 6장 16-23절)

다니엘은, 왕이 금령 문서에 도장을 찍은 것을 알고도, 자기의 집으로 돌아가서, 다락방으로 올라갔다. 그 다락방은 예루살렘 쪽으로 창문이 나 있었다. 그는 늘 하듯이 하루에 세 번씩 그의 하나님께 무릎을 꿇고 기도하며, 감사를 드렸다.(다니엘 6장 10절)
나의 하나님이 천사를 보내셔서 사자들의 입을 막으셨으므로 사자들이 나를 해치지 못하였습니다. 그것은, 하나님 앞에서 나에게는 죄가 없다는 사실이 드러났기 때문입니다.(다니엘 6장 22절)

다니엘을 시기하고 모함하는 사람들에 의해 그는 사자굴 속에 들어가 죽을 수밖에 없었으나 하나님은 사자를 통해 행하셨다. 나아가 왕 다리우스를 통해 사자는 다니엘을 모함한 사람들을 벌하시는 도구로 사용되었다. 이처럼 사자는 하나님을 신뢰하게 만든 도구가 된 것이다. 인간만이 하나님의 신탁을 수행한다고 생각했다면, 여기서는 사자가 그 역할을 했다고 할 수 있다. 영화 "나니아 연대기"에 나오는 사자, 아슬란은 구원자의 모습으로 표현되기도 했다.

5) 요나서에서 도구로 사용된 큰 물고기(요나 1장 17절, 2장 10절)

주께서는 큰 물고기 한 마리를 마련하여 두셨다가, 요나를 삼키게

하셨다.(요나 1장 17절, 2장 10절)

주께서 그 물고기에에 명하시닌, 물고기가 요나를 뭍에다가 뱉어 냈다.(요나 2장 10절)

요나서에 나온 물고기는 잘 알려져 있고 친근하다. 요나를 구하는데 도구로 사용되었다. 아는 대로 하나님이 명령한 니느웨에 가지 않고 다시스로 도망하는 중에 생긴 일이다. 풍랑으로 물배에 탄 모든 사람들이 두려워했고 자신들의 신을 불렀으나 어떤 변화도 없었다. 그때 요나는 그 원인이 자신에게서 비롯된 것이라고 생각하고 자신을 배 밖 바다에 던질 것을 제안했다. 제비뽑기까지 했지만, 요나가 지목되었고 결국 바다에 던져졌다. 풍랑은 잠잠해졌고 요나는 하나님이 준비하신 물고기 뱃 속에 들어가게 되었다. 거기서 그는 회개하고 나와 니느웨성에 가서 하나님의 심판의 말씀을 전했다. 요나의 예상과는 다르게 왕부터 신하, 일반인과 종, 가축에 이르기까지 회개운동이 일어나 하나님의 심판을 면할 수 있었다. 요나가 이를 기뻐하기보다 불평하자 하나님은 박넝쿨을 사용하셨다. 뜨거운 해를 가리는 박넝쿨을 벌레가 파먹어 그늘이 없어지자 요나는 불평한 것이다. 이를 통해 니느웨성에 있는 사람 및 가축까지도 하나님은 소중하다고 알려주신다. 물고기, 박넝쿨 모두 요나를 일깨우는데 중요한 도구가 되었다. 물고기가 그 역할을 하지 않았다면, 하나님이 이스라엘민족 뿐 아니라 온 인류를 사랑하는 분임을 알수 없었을 수도 있다.

6) 양으로서의 예수에 대한 묵상

> 우리는 모두 양처럼 길을 잃고, 각기 제 갈 길로 흩어졌으나, 주님께서 우리 모두의 죄악을 그에게 지우셨다. 그는 굴욕을 당하고 고문을 당하였으나, 아무 말도 하지 않았다. 마치 도살장으로 끌려가는 어린양처럼, 마치 털 깎는 사람 앞에서 잠잠한 암양처럼, 끌려가기만 할 뿐, 아무 말도 하지 않았다.(이사야 53장 6-7절)

이사야 예언자가 선포한 말씀이지만, 예수 그리스도가 당할 고난으로 알려져 있다. 이처럼 말씀 속의 어린 양은 겸손과 희생적 사랑이며 억압받는 자들과 함께 그들을 위한 고통 안에서 표현되고 있다. 가장 높은 자가 스스로 가장 낮은 자가 되신 것이다. 인간 역시 동물에게 그렇게 해야 할 것을 요청하는 것은 아닌지? 동물이 갖는 한계, 우리 역시 한계를 가지고 볼 수밖에 없지만, 그 너머에 계신 하나님의 사랑과 힘을 신뢰해야 한다. 신약성서에서는 양을 돌보는 목자로서의 예수의 모습도 있다.(요한복음 10장 1-21절)

동물과 인간이 평화롭게 공존하는 세상

> 낯선 사람들이 나서서 너희 양떼를 먹이며….(이사야 61장 5절)
>
> 그때에는 이리가 어린 양과 함께 살며, 표범이 새끼 염소와 함께 누우며, 송아지와 새끼 사자와 살진 짐승이 함께 풀을 뜯고... 젖먹는

아이가 독사의 구멍 곁에서 장난하고, 젖뗀 아이가 살무사의 굴에 손을 넣는(이사야 11장 6-8절)

이리와 어린 양이 함께 풀을 먹으며, 사자가 소처럼 여물을 먹으며, 뱀이 흙을 먹이로 삼을 것이다. 나의 거룩한 산에서는 서로 해치거나 상하게 하는 일이 전혀 없을 것이다. 주님의 말씀이시다.(이사야 65장 25절)

이사야서에는 인간과 동물이 불편함이 없이 평화롭게 공존하는 이상적인 모습을 그린다. 그것은 곧 하나님 나라를 의미하기도 한다. 한국 사회에서 평화라는 단어는 '비둘기'와 연결되는 면이 있다. 거리에 지나치게 많아 눈살을 찌푸리게 하는 비둘기가 아닌 백색의 비둘기로 상징되는 평화이다. 이는 일상에서 경험되고 실천될 수 있는 구체적인 현장으로서의 '평화'가 아닌 깨끗하고 성스러운 '이상'의 영역으로 제한되고 축소할 우려가 있다. 따라서 우리는 동물 이미지를 통해 고정된 인식을 전환할 필요가 있다. 이 땅에 사는 동안 여러 차별과 죽음과 공포가 공존하며 이를 인간이 주도할 때가 많지만, 작게나마 동물에 대한 권리, 그들이 함께 살아야 할 이유에 대해 생각하는 마음들이 확장될 때 결국은 인간에게도 좋은 세상이 되지 않을까?

…네 젊음을 독수리처럼 늘 새롭게 해 주시는 분이시다.(시편 103편 1-5절)

독수리가 날개를 치며 솟아오르듯 올라갈 것이요….(이사야 40장

28-31절)

이처럼 독수리가 갖는 힘의 상징, 젊음의 상징, 새로움이라는 이미지를 통해 우리의 신앙, 삶을 다시 볼 수 있었으면 한다. 동물이 주는 상징, 의인화에 그치지 않고 동물과 인간이 상생을 꿈꾸는 것은 어떨까? 그것은 동물권을 같이 고려할 때 가능할 것이다.

참고 자료

도나 해러웨이 선언문. 『해러웨이 선언문』 황희선 역. 책세상, 2019.

앤드류 린지. 『동물신학의 탐구』 장윤재 역. 대장간, 2014.

최훈. 『동물을 위한 윤리학』 사월의책. 2015.

피터 싱어. 『동물해방』 김성한 역. 연암서가, 2012.

한국문화신학회 엮음. 『소수자의 신학』 동연, 2017.

황윤. 『사랑할까, 먹을까- 어느 잡식가족의 돼지관찰기』 한겨레출판, 2019.

Adams Carol J. & Donovan, Joshephine ed. *Animals & Women:Feminist Theoretical Explorations*. Duke University Press, 1995.

영화

「잡식가족의 딜레마」(2014), 「마이펫의 이중생활」(2016)

사이트

동물단체 케어 "동물실험 NO! 이젠 대체실험!" (2017.12.21.) http://fromcare.org/archives/35495

5장_나그네 사상과 이주민 이해

중심단어와 주변 단어

나그네, 룻, 이주민, 선주민, 다문화 감수성

♬ 들어가기 전에

1. 가장 멀리 가본 곳은 어디인가요? 그곳에서 어떤 느낌을 받았나요?
2. 다문화라는 말은 세계화와 비교해 어떤 생각이 들게 하나요?

이주의 문제에서 자유로울 사람은 없다. 자신이 아니더라도 친구, 친척, 가족 중 이미 많은 사람이 이주했을 것이며 이주를 준비 중일 것이다. 이 땅에 들어와 있는 이주민들로 인해 한국 사회는 다문화 사회를 표방하게 되었고 그들이 주는 의미와 제도와 정책적인 면에서 건강하고 평화로운 다문화 사회를 위해 노력하고 있다. 하지만 이러한 노력이 효과를 보기 위해서는 그에 대해 그에 대해 선주민들의 인식이 개선되지 않으면 안 된다. 자신들의 삶의 문제를 이주민의 탓을 돌리거나 불안과 공포를 조장하는 일들이 빈번하게 일어나곤 하는데, 이는 선주민의 잘못에 비해 더 크게 이주민의 문제가 부각되어 나타나기 때문이다.

이주에 대해

이주란 국경을 넘었거나 혹은 특정 국가 내에서 사람이나 집단이 이동하는 것. 그 기간과 구성, 원인에 상관없이 인구이동을 포괄하는 개념이다. 2018년 세계인들의 이주 현황을 보면, 약 2억1천2백만 명으로 이는 지구적 이동이며 계속 증가하고 있다.(세계 인구 3%) 이주민의 삶이 세계화 발전을 평가하는 척도가 될 것으로 판단하여 국제이주기구(IOM)는 이주민의 삶의 질을 높이는 쪽으로 정책을 펼쳐나가고 있다. 이주민과 선주민 모두의 삶의 질을 위해서도 필요하다.

다문화란 다른 문화와 다른 언어를 가진 다양한 사람들이 한 국가에서 함께 살아가는 것을 의미한다. 어느새 한국 사회에서 '다문화'란 글로벌이나 국제화, 세계화와는 다른 차별적인 용어가 되었다. 우리나라보다 경제적으로 어려운 아시아에서 온 이주민들을 지칭하기도 한다. 하지만 그렇지 않다. 다문화가족을 법적으로 정의하면, '결혼 이민자와 출생 · 인지 · 귀화에 의해 국적을 취득한 한국인으로 이루어진 가족'(다문화가족지원법 제2조)이다. 한국에서 태어난 사람 모두를 다문화가족이라고 하지는 않는다. 그것은 한국 사회가 아직 속인 사회를 지향하고 있기 때문이다.

선주민과 이주민이라는 용어와 그 차이를 알아볼 필요가 있다. 선주민이란 이주민에 비해 먼저 이곳에 정착하고 살아가고 있는 사람들로 자신이 법과 제도의 중심에 있다고 생각하는 이라고 할 수 있다. 이에 반해, 이주민은 혼인이주민, 노동이주민, 유학생, 북한 이탈 주민, 난민 등으로 상대적인 언어와 문화, 경제적인 차이 등으로 제도의 주변에 위치한 이들을 뜻한다. 이주민에 대한 선주민의 따뜻한 시선이 요구된다. 전지구적인 시민의식을 가지고 생각하면 이주민이나 선주민 모두는 같은 지구에 사는 동시대인으로 간주해야 한다.

다문화 이론

다문화 이론에는 세 가지가 있다. 한국 사회와 교회는 어떤 이론을 지향해야 하는지 찾아보자.

첫 번째로 차별배제 모형을 들 수 있다. 이는 3D(어렵고 difficult, 위험하고 dangerous, 더러운 dirty. 최근 먼 거리 distance를 더해 4D라고도 한다) 직종의 노동시장과 같은 특정 경제적 영역에만 받아들이고 복지혜택, 국적, 시민권, 선거권 부여와 같은 사회정치적 영역에는 받아들이지 않는 형식이다. 그 예로 1960년대 독일의 손님 노동자제도를 통해 한국의 많은 사람이 광부로, 간호사로 이주한 것을 들 수 있다. 유사한 예로 한국의 고용허가제도를 통해 많은 외국인이 노동자로 한국에 들어와 자유롭지 않은 상황에 처해있는 경우도 있다.

두 번째로 동화모형이다. 이주민이 출신국의 언어, 문화, 사회적 특성을 완전히 포기하여 주류사회의 성원들과 차이가 없도록 하는 것이다. 어떠한 것도 녹여내 하나가 되는 용광로(melting pot)이론으로 잘 알려져 있다.

세 번째로 다문화주의 모형이다. 이주민이 그들만의 문화를 지켜가는 것을 인정하고 장려하며 정책 목표를 소수민족의 주류사회로의 동화가 아닌 공존에 두는 것이다. 하나의 음식이지만, 각각 고유의 맛을 살리는 샐러드, 비빔밥의 예를 들어 샐러드 볼(salad bowl) 이론, 혹은 비빔밥 이론이라고 한다.

문화의 차이와 나라의 예

문화는 소위 빙산의 일각으로 겉으로 보이는 것에 비해 내재하여 보이지 않는 것들이 많다는 것을 알아야 한다. 따라서 우리는 서로다른 문화의 차리에 대해 이해해야 한다. 음식, 언어, 인사법 등으로 외적으로 보이는 것과 시간개념, 공간개념, 내세관, 세계관, 감정 체계 등 직접 드러나 보이지 않는 것으로 구분할 수 있다.

캄보디아 같은 경우 덥고 습하기 때문에 정오부터 2시간 정도 낮잠을 자는 것이 일상이다. 이를 게으르고 잠이 많다고 탓하지 않아야 한다. 또한 베트남도 기후가 후덥지근하여 좁은 집 안에서 불을 켜고 조리하기가 쉽지 않아 아침은 주로 밖에서 해결한다. 집에서 세 끼 식사를 다 해야 한다면 그 스트레스가 클 수 있음을 알아야 한다. 인도네시아를 비롯해 이슬람권 나라에서는 돼지고기를 먹지 않는다. 그들이 소나 양 등 육류의 경우 도살 후 피를 완전히 빼내는 '할랄' 방식으로 도축된 것만 먹는 것을 이해해야 한다. 이곳에서 온 노동자들에게 삼겹살 파티를 한다고 억지로 돼지고기를 먹이거나 속여서는 안 된다. 음식과 관련하여 몽골은 주식이 고기와 우유이다. 말과 양, 소 등 목축을 많이 하며 대륙에서 사는 그들은 생선을 먹을 기회가 없다. 따라서 한국으로 결혼해 온 몽골 여성에게 출산 후 미역국(바다 음식)만 주는 것은 상당히 곤욕스러울 수 있다.

나아가 혼인 이주여성에게 "시부모 잘 봉양하고 남편에게 잘하라"라고만 가르치지 말고 시부모와 남편 교육을 통해 그녀들의 고국에 대한 문화와 가정 내 평등한 문화에 대해 이해시키는 것이 더 중요하다.

한국 사회는 이주해 사는 소수자들의 불안감 해소와 주류사회의 경계심과 반감까지 제거할 수 있는 효과적인 다문화주의 모델을 모색했어야 했다. 하지만 지나친 적용이나 동화주의에 입각한 정책 등으로 한국 사회와 교회의 현실에서 외면받는다고 생각한다.

이주하는 이유

사람이 외국으로 이주하는 이유에 대해 출발국과 도착국의 이해관계가 각각 다르다. 출발국 입장에서는 더욱 나은 삶을 위한 용기와 결단으로 다른 나라와 문화에 대한 두려움을 딛고 일어선 사람들이 이주민들이다. 난민도 도저히 헤어 나올 수 없는 자국의 정치 상황에서 벗어나고자 하는 같은 맥락이다.

단순히 생명을 유지하는 삶에서 벗어나 이국땅에서 삶의 질을 높이고자 하는 시도에서 비롯된 행동이다. 또한 가정 경제를 책임지기 위한 수단으로 자신을 희생해 가족을 살리려 한 이유에서였다. 한국도 이주자 송금에 의한 국가발전 전략의 목적으로 이주장려정책이 국가적으로 실시된 바 있다. 1960-70년대에 독일로 간 간호사, 광부를 비롯해 해외 개발사업 등에 많이 투입되었다.

반면에 도착국 입장은 자국에서 노동자가 꺼리는 일자리를 대체할 노동력이 절대적으로 필요하다. 또한 세계화를 통해 많은 경계가 허물어지는 상황에서 국제결혼이 자연스럽게 증가하는 이유가 여기에 있다. 따라서 경제적으로 어려운 나라에서 왔다는 이유만으로 그들을 차별하고 함부로 하기보다 역지사지의 마음을 갖는 것이 중요하다.

나그네(게르, 이주민, 외국인)에 대한 이해

나그네(게르)는 국적의 한계를 넘어 법적인 보호나 사회적 보호의 틀을 벗어나 존재하는 신용불량자, 노숙자, 일용노동자까지 포함하는 사회적 개념이다. 고대 이스라엘사회는 배타적인 민족 중심주의 사회였음에도 이들을 보호하고 돌보아야 할 대상으로 다루었다.

성서에서는 종종 배타적인 태도를 보이지만 실제로 적용되지 않는 예가 있다. 이스라엘이 애굽에서 해방되어 가나안으로 이동 중, 혹은 전쟁 시에 모든 적(외국인)을 진멸하라(신명기 7장 2절, 20장 16-18절)고

했지만, 여전히 남아 있는 모습이 보인다. 외국인과 결혼하지 말라(열왕기상 11장 2절)고 했지만, 아는 대로 모세, 삼손, 솔로몬 등 성서의 많은 중심인물은 외국인과 결혼했다. 예수도 그들의 자손 중 한 명이라고 할 수 있다. 나아가 이주 노동자(게르)에 대한 배려도 많이 언급되어 있다. 이를테면 이주 노동자를 위해 완전히 추수하는 것을 금지해(신명기 24장 19-22절) 자신의 처지를 비관하지 않고 남은 곡식을 주워 생계를 유지하는 것이었다. 또한 이주 노동자를 위해 삼 년 끝 소산물의 십일조 저장하기도 했다.(신명기 14장 28-29절) 이처럼 이스라엘사회에서는 종교적인 측면을 적용해 이주 노동자도 추수 축제에 참여하게 한 것이다.(신명기 16장 9-15절) 종교적인 측면을 적용해 이주 노동자도 안식일에 쉴 권리(신명기 5장 12-15절)를 주었다. 또한 품삯을 당일에 주고 미루지 않도록 하여(신명기 24장 14절) 실제적인 경제생활을 할 수 있도록 하였다. 종교적으로 이주 노동자라도 할례를 받으면 유월절을 지킬 수 있게 함으로써(출애굽기 12장 48-49절) 배타적인 민족사상을 불식시킨 면이 있다.

이와 같은 배경의 영향으로 포로 후기에는 '나그네'가 이스라엘의 명칭으로 내면화되기도 하였다.

> 주 앞에서는 우리가 우리 열조와 다름이 없어 나그네와 우거한 자라. 세상에 있는 날이 그림자 같아서 소망이 없나이다.(역대상 29장 15절)

이주의 관점으로 성서를 읽는다는 것은?

이주를 경험했고 다문화 사회를 사는 이 시대의 여성 뿐 아니라 구약성서의 여성들 역시 같은 경험을 했다는 것은 신선하고도 또 다른 전망을 안겨준다. 이들 여성은 직면했던 상황이 그리 순탄하거나 안전하지 않았기에 그 안에 있는 갈등을 해결하고자 노력했고, 대부분은 평화적으로 해결하여 공동체를 살려내고 안정시켰다.

현재 한국교회와 사회에서 이주민을 바라보는 시선은 동정적이거나 배타적인 형태가 대부분으로 사회적 거리감이 가깝지 않은 경우가 많다. 이주해 온 여성들과 그들의 자녀들도 당연히 사회의 한 구성원으로 자기 임무를 수행하기 위해 노력해야겠지만, 그들을 단순한 수혜자로 보는 시선을 극복하기 위해서는 다양한 방법의 노력이 필요하다. 그것은 의미를 가지고 만나 진행하는 교육과 문화공유를 통해 그들의 자존감을 높여가는 것이다. 그들이 이 사회에서, 교회에서 소외된 하나의 계층이 아니라는 것을 성서의 여성들 역시 주류사회에 당당히 편입되었다는 내용으로 교육할 필요가 있다.

오늘의 시대에도 성, 인종, 계급, 종교, 지역 간의 여러 갈등이 있지만, 평화와 공존의 사회를 위해 필요한 과정이라면 이미 경험한 성서의 여성들을 통해 지혜를 발견할 수 있다. 그들이 경험한 이주가 지금의 이주민들, 특히 이주여성들에게 힘을 실어주고 당당하게 자신의 역할을 발휘할 수 있도록 도와주리라 생각한다. 이는 선주민에게도 해당된다. 함께 살아가야 할 누구도 이주의 문제에서 자유롭지 않기 때문이다. 그러므로 다문화의 관점에서 성서를 읽고 교육하는 과정을 통해 더 깊고 넓게 평등, 소통, 환대의 정신을 일깨우고 키워야 할 것이다. 이처럼 성서의 이주여성들에 관한 이야기는 다른 목소리, 대안적 사고와 실천으로 이끌 것이다. 더 나아가 한국 사회에 속한 이주민을 비롯해 많은 선주민까지도 서로의 차이를 인정하며 정의를 바탕으로 평화에 한 걸음 더 다가가게 하는 데 도움을 줄 수 있을 것이다.

성서 인물에 대해 다양하게 접근하고 시각을 달리해 보자. 제국의 시선이 아닌, 식민지의 관점으로 피지배국가의 관점으로, 현재 한국에서 살고 있는 이주여성들에 대한 관심으로까지 확대하는 것은 어떨까? 그들은 함께 한국사회를 구성하며 이끌어야 할 존재들이다. 단순히 수혜적 입장이 아닌 계속적인 지도력 개발을 통해 지도자로 양성해 나가야 할 것이며, 그들의 목소리를 통해 이 사회가 변화해 가야 한다.

이주민에 대한 태도를 알려주는 성서 구절과 룻기

> 너희는 너희에게 몸붙여 사는 나그네를 억압해서는 안 된다. 너희도 이집트 땅에서 나그네로 몸붙여 살았으니 나그네의 서러움을 잘 알 것이다.(출애굽기 23장 9절)
>
> 너는 이방 나그네를 압제하지 말며 그들을 학대하지 말라, 너희도 애굽땅에서 나그네였음이라…. 네가 만일 그들을 해롭게 하므로 그들이 내게 부르짖으면 내가 반드시 부르짖음을 들으리라.(출애굽기 22장 21-23절)

그 중 대표적인 이주여성 룻을 소개하고자 한다. 먼저 룻기를 알아보면 다음과 같다.

룻기의 시대적 배경에 대해 다양한 견해가 있다. 첫째, 사사 시대로 소개하고 있기에 그대로 보는 것과 둘째, 이미 룻을 다윗의 선조로 소개하고 있으므로 솔로몬 시대에 기록했다고 보는 것과 셋째, 바벨론 포로 이후 시대를 배경으로 해서 당시 외국인에 대한 배척과 국제결혼에 대한 부정적인 이해를 교정해 주려는 의도가 있다는 것이다.

구전설화에서 유래한 룻기는 희곡의 4대 요소(발단-전개-절정-대단원)를 잘 갖추고 있다.

1장 발단 : 이주, 베들레헴->모압->베들레헴

2장 전개 : 룻의 노동과 보아스

3장 절정 : 나오미의 노력- 룻과 보아스의 재혼 시도

4장 대단원 : 보아스와 룻의 결혼, 환영

시형제결혼법(신명기 25장 5-6절)은 남편이 죽으면 그 남동생이 형수를 아내로 맞아들여 대를 잇게 하였다. 창세기 38장 다말의 예에서 유다의 첫째 아들과 결혼한 다말은 첫째도, 둘째도 아이 없이 죽게 되었다. 이후 유다는 막내인 셋째까지 잃을까 봐 다말을 친정으로 보낸다. 이에 후에 시아버지는 유다는 다말과의 관계에서 쌍둥이 아이 베레스와 세라를 낳는다. 이처럼 룻기에서도 유사한 사례로 나오미도 며느리 룻도 아이가 없이 남편이 죽어 기업 무를 자(고엘, 가문의 땅과 재산을 보

존할 책임을 지는 사람)가 필요했고 결국 보아스가 원해서 그 절차에 따라 룻과 결혼하게 되었다. 모압 여성 룻은 당시 가부장 사회에서 이주여성으로, 재혼 여성으로 최선의 결과로 전해진다. 보아스와 결혼했고 오벳을 낳음으로 후에 다윗, 예수의 선조가 되었기 때문이다.

[주요 장면] (룻기 2장 2-18절)

룻이 나오미에게: "밭에 나가 볼까 합니다. 혹시 나에게 잘 대하여 주는 사람을 만나면, 그를 따라다니면서 떨어진 이삭을 주울까 합니다."

나오미가 룻에게: "그래, 나가 보아라."

(보아스는 밭에서 일하고 있는 낯선 여인을 주목하고 일꾼에게 물어 내용을 알게 된다.)

보아스가 룻에게: "여보시오. 새댁, 내가 하는 말을 잘 들으시오. 이삭을 주우려고 다른 밭으로 가지 마시오. 여기를 떠나지 말고, 우리 밭에서 일하는 여자들을 바싹 따라다니도록 하시오. 우리 일꾼들이 곡식을 거두는 밭에서 눈길을 돌리지 말고, 여자들의 뒤를 따라다니면서 이삭을 줍도록 하시오. 젊은 남자 일꾼들에게는 댁을 건드리지 말라고 단단히 일러두겠소. 목이 마르거든 주저하지 말고 물단지에 가서, 젊은 남자 일꾼들이 길어다가 둔 물을 마시도록 하시오."

룻이 보아스에게: "저는 한낱 이방 여자일 뿐인데, 어찌하여 저와 같은 것을 이렇게까지 잘 보살피시고 생각하여 주십니까?"

보아스가 룻에게: “남편을 잃은 뒤에 댁이 시어머니에게 어떻게 하였는지를, 자세히 들어서 다 알고 있소. 댁은 친정아버지와 어머니를 떠나고, 태어난 땅을 떠나서, 엊그제까지만 해도 알지 못하던 다른 백성에게로 오지 않았소? 댁이 한 일은 주님께서 갚아 주실 것이오. 이제 댁이 주 이스라엘의 하나님의 날개 밑으로 보호를 받으러 왔으니, 그분께서 댁에게 넉넉히 갚아 주실 것이오.”

룻이 보아스에게: “어른께서 이토록 잘 보살펴 주시니, 몸 둘 바를 모르겠습니다. 어른께서 거느리고 계신 여종들 축에도 끼지 못할 이 종을 이처럼 위로하여 주시니, 보잘것없는 이 몸이 큰 용기를 얻습니다.”

보아스가 룻에게: “이리로 오시오. 음식을 듭시다. 빵 조각을 초에 찍어서 드시오.”

(룻이 일꾼들 옆에 앉으니, 보아스는 그 여인에게 볶은 곡식을 내주었다. 볶은 곡식은 룻이 배불리 먹고도 남았다.)

보아스가 젊은 남자 일꾼들에게: “저 여인이 이삭을 주울 때는 곡식 단 사이에서도 줍도록 하게. 자네들은 저 여인을 괴롭히지 말게. 그를 나무라지 말고, 오히려 단에서 조금씩 이삭을 뽑아 흘려서, 그 여인이 줍도록 해 주게.”

(룻은 저녁때까지 밭에서 이삭을 주웠다……. 주워 온 곡식을 시어머니에게 내보였다. 배불리 먹고 남은 볶은 곡식도 꺼내서 드렸다.)

여기서 룻과 보아스의 아름다운 관계로 묘사되지만, 주종관계가 분명한 사회, 가부장 문화가 공고한 사회, 외국인이나 여성에게 안전하지 못한 사회 등을 엿볼 수 있고 불편하기도 하다. 하지만 당시 이스라엘 베들레헴 마을에서 지금과 같은 인권감수성이나 젠더감수성을 기대하기 어렵다. 그럼에도 하나님은 그들을 통해 역사를 만들어 가셨다는 점과 이주의 관점에서 다시 볼 수 있는 내용을 찾게 한다는 점은 의미 있다.

룻과 나오미를 통해 본 이해를 네 가지 면에서 살펴보면 다음과 같다. 첫째 아무것도 없음에서 이룬 충만함이었다. 베들레헴으로 오게 된 룻과 나오미는 당장 생계가 어려웠다. 연로한 나오미를 위해 룻은 무엇이라도 해야 했는데 근처 밭으로 가 이삭줍기를 통해 먹거리를 해결하였다. 농장주 보아스는 룻을 주의 깊게 보았고 그의 여러 사정을 배려해 주었다. 또한 기업 무를 자를 자청해 룻과 결혼을 해 새 가정을 이룬 것이다. 아무것도 없이 고향 땅에 들어간 나오미와 룻은 마을 공동체의 환대를 받았고 평등한 대우를 받았다. 이주해 온 외국 여성이라고 해서 다른 시선으로 보지 않았다. 후에 아기를 낳았을 때 그 아기의 이름, 오벳을 공동체 이웃여성들이 지어주었다. 둘째, 하나님은 외국 여성 룻의 삶에 깊이 관여하셨다. 비록 나라의 경계가 분명하지 않았다 하더라도 모압이라는 외국은 당시 그리 환영받는 곳은 아니었다. 아이 없이 남편도 없이 시어머니의 하나님을 따라 베들레헴으로 들어간 룻에게 하나님은 깊이 생각하시고 그의 장래를 축복하셨다. 셋째, 룻 역시 시어머니가 믿는 하나님을 선택한 용기가 있었다. 자신의 고향 땅과 친정을 뒤로하고 여러 어려운 상황을 묵묵히 이겨

내고 있는 모습이다. 그런 의미에서 상호적이다. 넷째, 룻은 외국 여성으로 다윗, 예수의 족보에 오르게 되어 이주여성의 새로운 역할 모델이 된다. 힘없이 주눅 들어 있었던 여성이라기보다 적극적으로 이주를 할 용기가 있었으며 자신의 새로운 삶을 개척하는데 열심을 낸 룻으로 기억해야 할 것이다.

다문화사회를 위한 성서의 역할

대부분 한국에서 태어난 결혼 이민자의 자녀들이 겪는 어려움은 한국어 능력보다는 피부색이나 어머니의 출신국에 따른 차별에서 비롯된다고 한다. 그렇기 때문에 이주여성들의 자기 정체성을 성서에서 찾는 것은 대단히 의미가 있다고 생각한다. 비록 신앙이라는 이름으로, 교리라는 기준으로 또 다른 차별과 불평등을 경험한 예도 있지만, 적극적으로 여성의 관점, 다문화의 관점으로 성서를 읽고 해석함으로써 현재 당면한 문제들을 풀 수 있는 실마리의 역할을 제공할 수 있으리라 생각한다.

다문화를 통해 성서를 읽고 교육하는 것은 중요하다. 왜냐하면, 우산과 같은 존재로 인종, 문화, 언어, 나이, 사회계층, 성적 지향, 장애 등을 품고 갈 수 있기 때문이다. 그 어떤 약자나 경계에 선 이들이 한국사회에서는 이주민, 특히 혼인이주여성이 대표적이라고 할 수 있다. 성서의 예를 통해 현재 이주민과 선주민 모두에게 주체적이며 갈등을 해결하는 역할 모델을 찾는 것이 중요하다. 그것은 다음 세대에게 여성주의적 가치, 평화주의적 감수성을 전수하는 도구가 되기 때문이다. 모두가 평등하게, 다르게, 함께(all equal, all different, all together)를 실천하는 일에 마음을 모아야 한다.

참고자료

김현미.『우리는 모두 집을 떠난다』돌베개, 2014.

김혜란 최은영.『성서에서 만나는 다문화이야기』대장간, 2013.

다문화평화교육연구소 편.『이주민 목소리로 듣는 인권, 함께 만드는 평화』꿈꾸는터, 2020.

박홍순 외.『다문화사회 이야기마당』꿈꾸는 터, 2017.

오현선.『다름 다양성 관용』꿈꾸는 터. 2014.

이찬욱 외.『한국사회와 다문화』경진출판, 2014.

찬드라 탈파드 모한티.『경계없는 페미니즘』문현아 역. 여이연, 2007.

영화

「완득이」(2011),「헤로니모」(2019)

사이트

일다, "'난민' 그리고 '여성'이라서 그리게 되는 것들" (2019.4.3.)

http://www.ildaro.com/sub_read.html?uid=8433&section=sc4

6장_예언자와 인권감수성 이해

중심 단어와 주변 단어

미갈, 소수자, 예언자, 차별

♬ 들어가기 전에

1. 한국은 인권이 존중되는 사회인가?
2. 소수자는 누구인가?

세계인권선언은 1948년 12월 10일 UN에서 제정되었다. 이는 시기적으로 제1, 2차 세계대전이 끝난 직후라 더 의미 있다. 우리나라로 보면 일제로부터 해방을 맞아 인권에 대한 이해가 많이 부족했을 때이다. 하지만 기독교가 전래되고 하나하나 유교중심, 가부장제 중심의 세계관에서 변화되어 가면서 성차별, 교육차별, 계급차별 등에도 변화가 생겼다. 이는 오늘날보다 개혁적이고 인권친화적이지 않았을지 생각해 보게 한다. 점점 후퇴하는듯 하는 지금의 한국교회의 모습을 보자면, 서구 유럽에서는 이미 오랜 시간 인권에 대한 감수성이 키워진 것과 비교가 되기도 한다.

인권선언문의 본문은 유엔 인권위원회가 처음으로 국제 인권 조약을 준비했던 1947년 1월과 총회가 인권선언문을 도입한 1948년 12월 사이 2년여간 작성되었다고 한다. 58개의 가입국들이 문서의 모든 단어와 조항에 대해 총 1,400번이나 투표가 이뤄졌고 서로의 이견을 좁혀 마침내 1948년 12월 10일, 세계인권선언은 통과되었다. 바로 그날을 '세계 인권의 날'로 지정하고 지금까지 기념해 오고 있다. 세계인권선언은 다양하고 대립하는 정치적 제도, 종교적 체계 그리고 문화적 전통을 초월해 중요하게 인정받고 있다.

세계인권선언과 인권의 현실

세계인권선언은 30개의 명확하고 간결한 조항을 통해 넓은 범위의 인권을 포괄한다. 처음 두 개의 조항은 세계적 인권의 토대를 이룬다. 모든 사람은 인간이라는 존엄성을 공유하기 때문에 동등함을 의미한다. 또한 인권이 모든 사람이 태어날 때 받는 권리이며, 선택된 자만이 받을 수 있는 특권도 아니고, 주어지거나 혹은 거절되는 특권이 아니라고 명시한다.

제1조 모든 사람들은 존엄성과 권리를 가지고 동등하게 태어난다.

인간은 이성과 양심을 부여 받았으며 서로에게 동료애를 가지고 행동해야 한다.

제2조 모든 사람들은 세계인권선언에 나온 모든 권리와 자유를, 인종. 피부색. 성. 언어. 종교. 정치적 혹은 다른 견해. 국가적 혹은 사회적 출신. 재산. 태생 혹은 다른 지위와는 상관없이 부여받는다.

어떤 차별도 인정하지 않고 인간 그 자체로 존엄하며 존귀하게 여겨야 한다는 기독교 정신과 무관하지 않다. 여기서 출발한다면 각종 이유를 들어 특히 종교의 이름으로, 하나님의 이름으로 차별하고 억압하는 것은 옳지 않다.

헌법 제10조 : 모든 국민은 인간으로서의 존엄과 가치를 가지며, 행복을 추구할 권리를 가진다. 국가는 개인이 가지는 불가침의 기본적 인권을 확인하고 이를 보장할 의무를 진다.

하지만 현실은 어떠한가? 세계 곳곳에서 인권이 침해되고 생존권이 박탈당하고 있다. 지배집단에 의해 선택된 차이를 근거로 사회적 약자들은 권력과 자원에 대한 접근조차 할 수 없게 한다. 지배집단은 오히려 억압받는 집단들에게 차별화된 이점을 제공하고, 이를 통해 그들 간에 경쟁이 생기게 함으로써 새로운 위계를 만들어 억압적 체제를 유지하고 강화하고 있다.

차별이란?

구체적 개인과 집단들 간에 존재하는 차이가 차별로 전환되는 순간 그 차이가 권력에 의해 위계성을 띠게 될 때이다. 최근 N번방이라 불리는 집단성착취영상 거래사건도 같은 맥락이다. 피해자가 존재하지만, 가해자에 의해 가려지기 일쑤이다. 성소수자 문제도 마찬가지다. 그들이 어렵게 커밍아웃하였지만 일상을 전과 같이 누리기가 쉽지 않다.

차별에 대한 두 가지 정의를 비교해 보자.

> 차별이란 특정 집단 내지 인구 범주의 특정한 속성이나 성향, 활동양식을 이유로 그 집단이나 집단의 구성원이 사회적 삶에 인권적으로 참여할 수 있는 기회를 직접적으로나 간접적인 방식으로 박탈하고, 이로써 그 집단이나 구성원에게 물질적 측면에서 경제적 불이익을, 상호주관적인 측면에서 종속관계를, 주관적 측면에서 정체성의 훼손과 같은 부정적 영향을 발생시키거나 지속시키는 제도, 기준, 조치, 실천이다.(한국여성개발원)

> 평등권침해의 차별행위라 함은 합리적인 이유없이 성별, 종교, 장애, 나이, 사회적 신분, 출신지역, 출신 국가, 출신 민족, 용모 등 신체 조건, 혼인 여부, 임신 또는 출산, 가족 상황, 인종, 피부색, 사상 또는 정치적 의견, 형의 효력이 실효된 전과, 성적 지향, 병력을 이유로 고용, 재화 · 용역 · 교통수단 · 상업시설 등의 이용, 교육이나

직업훈련기관의 이용에서 불리하게 대우하는 행위이다. 다만 다른 법률에서 특정한 사람(집단 포함)에 대한 우대를 차별행위의 범위에서 제외한 경우 그 우대는 차별행위로 보지 아니한다.(국가위원회법)

차별이 만들어지는 과정은 일정한 패턴이 있다. 차별의 주체가 되는 권력이나 구조 속에서 차이가 발견된다. 이어 차별을 정당화하는 이유를 찾는다. 기존의 가치관에 기반한 역사, 생물학적 차이점 등의 이유로 차별한다. 나아가 차별을 유지하는 제도, 관행으로 발전한다. 하나의 예로 유대인 차별을 들어보자. 독일 나치는 유대인을 희생양으로 발견되었고 그들을 구분 짓기 위해 가슴에 노란 별 배지를 달게 했다. 끊임없이 차별의 정당화와 명분을 찾아 그들의 재산을 몰수하고 강제노역을 시켰는가 하면 최후 조치로서의 학살이 이뤄졌다. 그 유명한 홀로코스트이다.

요약해 보면 모든 차별은 힘의 불균형에서 왔다. 다른 사람과 비교하고 차이가 나는 것에 서 끝나지 않고 힘을 드러내는 것이 차별이다. 이는 다양한 곳에서 발견되며 현재도 진행 중이다. 여성, 장애인, 성소수자, 이주 노동자처럼 일상적으로 차별을 겪는 이들은 같은 시대를 사는 이성애자이며 비장애인인 선주민 남성과 비교하지 않는다. 오히려 과거의 자신과 같은 처지에 있었던 사람들과 비교해 끊임없이 더 좋은 세상에 살고 있다고 세뇌하며 그 불평등한 상황을 고치려 하지 않는다.

소수자와 인권 감수성

누가 소수자인가? 구성원의 수가 적은, 소수집단에 속한 사람이 소수자일까? 아니면 장애인, 동성애자, 비정규직이나 이주 노동자처럼 특정 집단에 속한 사람들이 소수자일까? 아니면 우리가 흔히 사회적 약자라고 부를 때의 여성, 아동, 노인, 빈곤층 사람들이 소수자일까?

소수자라는 단어의 뜻이 '소수의 사람'이라고 해서 반드시 구성원의 수가 적은 것은 아니다. 예를 들어 대부분 사회에서 여성의 평균수명이 남성보다 길기 때문에 남성보다 여성의 수가 많지만, 여성은 남성보다 소수자이다. 식민지 토착민은 그곳 인구의 대부분을 차지하지만, 소수의 식민 통치자에게 차별과 착취를 당하는 소수자에 해당한다. 역사적으로 1948년 흑백인종차별정책(Aparthheid, 아파르트 헤이트)으로 인해 1994년 넬슨 만델라가 대통령에 당선되기까지 다수의 흑인이 정치적, 경제적으로 차별받는 소수에 처하기도 했다.

이렇게 보면 소수자를 결정하는 기준은 수의 많고 적음이 아니라 편견과 차별의 대상인가 아닌가의 여부에 달려있다. 영어의 '마이너리티(minority)'가 우리 사회에서 소수, 소수민, 소수집단 등의 혼용을 거쳐서 소수자라는 용어로 통일되기 시작한 것은 2000년 이후의 일이다. 현재도 어떤 사람들이 소수자에 해당하는가에 대한 학계의 정확한 논의나 합의는 제대로 이루어지지 않고 있다.

그럼에도 소수자에 대한 기준을 살펴보면, 첫째, 집단이나 대상이 수의 많고 적음이 아닌 실질적인 차별과 편견의 대상인가이다. 식민지 상황의 사람들은 소수가 아님에도 지배와 차별을 받는다. 여성이 남성과 숫자적으로 비슷함에도 역사 속에서 소수자였다. 둘째, 어떤 노력을 기울여도 바꿀 수 없는 대체 불가능한 속성인가이다. 성 정체성, 피부색, 장애 등으로 소수자로 분류한다. 이것은 나라별로 문화적 수준에 따라 받아들이는 차이가 있기도 하다. 성소수자가 커밍아웃했을 때 유럽과 우리나라에서의 반응과 커밍아웃 이후의 삶이 같지 않다. 이주민이 한국 국적을 취득했어도 피부색이나 말투 등으로 한국인으로 인정받지 못할 때가 많다. 셋째, 차별받는 집단이 집단의식과 운동으로 이어지는 특성이 있는가이다. 사실 이 부분이 매우 중요하다. 자신이 받는 부당한 차별이 개인에 머물지 않고 노동운동, 동성애 운동, 여성운동 등 집단으로 발산한다는 점이다. 그로 인해 인권에 대한 이해는 진일보된 점이 있다. 소수자집단에 속해 너무 오래 억압에 노출되어 있다 보면 자존감 상실, 자기혐오에 빠져 이런 차별을 받는 것을 당연하게 생각한다. 차별을 하는 사람들에 대해 여성학자 이나영은 다음과 같이 말한다.

> 차별의 가해자들은 언제나 좋은 목적을 위한다는 미명으로 소수자와 약자를 사회에서 제거하려 하고 이것이 그들 나름의 정의구현이라고 생각한다.(이나영)

따라서 소수자들은 자신의 처지를 숙명으로 받아들이는 구조를 극복해야 한다.

지배집단이 소수자집단과 갈등을 일으키는 요인에는 대표적으로 불안이 내재하여 있다. 갈등을 해결할 능력이 키워지지 않으면 문제는 그냥 반복될 뿐이다. 고통 없는 사회가 아니라 고통 자체에 다른 의미가 덧붙여져 차별하지 않는 사회가 필요하다. 고통은 당하는 주체가 감내할 수밖에 없다. 하지만 고통은 연대와 실천으로 이끄는 매개가 분명 될 수 있고 되어야 한다. 성서에는 여러 이유로 고통당하는 사람들이 많이 나온다. 대부분 그들은 그 고통을 통해 하나님께 나아갈 수 있었다. 고통속에 있는 이들을 하나님께 나아가도록 돕는 역할을 한 사람도 있었다. 우리는 인간의 고통을 민감하게 느끼고 함께하는 중요성을 다음에서 보도록 하자.

인권감수성의 정의 및 이해

다음의 두 가지 정의를 통해 인권감수성을 이해할 수 있다.

> 인권감수성이란 일상생활에서 만나는 다양한 자극이나 사건에 대하여 매우 작은 요소에서도 인권적인 요소를 발견하고 적용하면서 인권을 고려하는 것이다.(국가인권위원회 사이버인권배움터)
>
> 인권감수성은 반인권적인 상황을 느낄 수 있는 민감성을 의미한다. 반인권적 상황은 어떤 것이 있을까? 인권감수성은 '의식.지각 / 경험.정서 / 행동.표현' 각각으로부터 영향을 받으며 형성되는 통합적인 것이며, 인권감수성은 이 세 가지에 영향을 미칠 수 있다. 이것은 나아가 소극적이거나 적극적일 수 있는 다양한 형태를 가진 행동을 요구한다. (인권교육네트워크)

한 사람이 가진 편견은 대상에서 얻는다기보다 누군가로부터 배우는 경우가 더 많다. 때로는 학습과 교육이 가장 나쁜 결과로 이끌기도 한다. 그러기에 놓치기 쉬운 작은 권리들을 찾는, "불편한 진실"을 마주하는 것이 인권감수성의 출발점이라 할 수 있다. 우리는 이러한 불편한 진실을 말하는 사람을 예민하다고 탓하기보다 가장 힘이 없는 사람을 대변하는데까지 나아가야 한다.

인권이란 단어가 인간의 권리를 침해하고 인간답게 살지 못하는 이들의 고통을 전제한다. 인권이란 단어가 없는 사회가 되면 좋겠지만 아직은 더 필요하고 인권감수성 역시 중요하다. 손을 내민어 인권의 사각지대, 인권을 보장받지 못하는 이들을 찾는 것은 중요한다. 어쩌면 나의 인권을 보호하는 것과도 연결된다.

고대 이스라엘인들에게서 인권의 의미는 어떠했는지 정확하게 알 수는 없지만, 그들과 함께 있어 하나님의 말씀을 전하며 생명의 소중함을 전했던 예언자가 있다. 다음에서는 구약의 예언자를 알아 보자.

예언서와 예언자를 통해 본 인권 이해

기독교인은 하나님의 형상으로 지음 받은 존엄한 존재이다. 그들은 모든 생활 속에서 하나님의 모습, 즉 그리스도인의 향기 를 드러내야 한다고 생각한다. 그것은 다른 사람과의 사귐 속에서 하나님의 형상을 반영하기도 한다. 다른 피조물에 대한 인간의 권리는 인간이 하나님에 대하여 책임 있는 존재라는 사실에 근거할 때 바른 것이 된다.

구약성서에서 많은 부분을 차지하는 예언서는 최종 편집자들의 관심사에 주목해야 한다. 예언서를 남긴 예언자들의 삶, 종교적, 경험, 사회적 위치에 관심을 두기보다 이스라엘 백성에게 있어서 예언자들이 어떤 의미였는지에 대한 증언에 주목해야 한다. 그것은 인권운동가로서의 예언자를 생각하게 한다. 예언자는 히브리어 남성명사 '나비' 인데, 하나님의 말씀을 들어서 전하는 사람으로 단순히 미래를 알기 위해 점치는 자와는 구분된다. 예언에서 예는 미리 예(豫)가 아닌 맡길 예(預)이다. 또한 단순히 미래를 예견하는 예언(prophecy)이 아니라 다수의 편견에 대항하여 진리와 정의를 위해 홀로 서 있는 상태(prophetic)다. 다른 사람을 위하여 말하는 사람(One who speaks for another)인 예언자는 자신의 말로 쉽게 풀어 전했다. 예언자는 하나님의 말씀을 대신하여 전달하도록 부름받은 자였다. 특히 글을 남긴 대부분 문서예언자의 등장 배경은 이스라엘이 남과 북으로 나눠진 이후이다. 예언자들은 왕국 분열 이후 대부분 왕이 백성들을 억압하고 자신들의 통치권을 위해 야훼 종교를 이용하거나 이방 종교와 타협하는 등 많은 문제를 일으키는 것에 대해 비판했고 행동하였다. 예언서와 예언자의 존재의의는 하나님께서 스스로 한 백성을 특별한 관계성 속으로 부르셨다는 것이다. 그들을 통해 시대와 민족을 잇는 보편성으로 확대되었다. 또한 중재자로서의 예언자는 다른 사람(이스라엘)을 위해 하나님께 죄의 용서를 간구하였다. 또한 위기의 상황에서 예언자들은 하나님의 도우심과 구원을 간구했으며 이스라엘이 죄를 범하여 하나님께서 진노하였을 때 그 죄에 대한 하나님의 진노를 풀도록 간구하였다. 여기에 사용된 중재에 관한 용어는 '기도한다', '간구한다', '간

청하다', '외친다', '부른다', '야훼 앞에 선다' 등이 있다.

최근 들어 예언자들이 그들의 사회 속에서 수행한 역할들을 밝히고 연구해 나가고 있다. 그럼에도 불구 하고 예언자 각각의 전기를 구성할 수 없다. 예언자는 약자의 편에서 부자나 권력 있는 이들을 비판하고 사회 정의를 외치는 역할을 했다. 그뿐 아니라 그들은 소수자를 사랑하시고 그 인권을 보호하신 하나님의 메시지 발견에 초점을 맞추기도 했다. 이를 잘 계승하여 오늘에 적용해야 한다.

예언자 구분과 역할

<table>
<tr><td>여성 예언자
(네비아)</td><td colspan="2">미리암(출애굽기 15장), 드보라(사사기 4장), 훌다.(열왕기하 22장), 이사야의 아내(이사야 8장), 노아댜(느헤미야 6장)</td></tr>
<tr><td>문서 이전 예언자</td><td colspan="2">나단, 아히야, 엘리야, 엘리사, 미가야</td></tr>
<tr><td rowspan="4">문서 예언자</td><td>주전 8세기 예언자</td><td>아모스, 호세아, 이사야, 미가</td></tr>
<tr><td>주전 7세기 예언자</td><td>스바냐, 예레미야, 나훔, 하박국.</td></tr>
<tr><td>바벨론 포로기
시대 예언자</td><td>오바댜, 에스겔.</td></tr>
<tr><td>포로기 시대 이후 예언자</td><td>학개, 스가랴, 요엘, 말라기.(cf.요나)</td></tr>
</table>

예언자는 중심된 두 말씀을 전하는 역할을 하였다. 첫째, 예언자는 심판의 말씀(Prophetic Judgment Speech)으로 회개(슈브)를 촉구하고 이스라엘 사람들을 하나님께로 돌아오게 했다. 때론 다른 나라에 가서 하나님의 심판을 외치고 회개를 촉구했다.(요나) 절대 왕권과 제사장과

같은 사회 지도층이나 종교지도자들을 비판했다.(아모스, 호세아 등) 둘째, 예언자는 희망의 말씀(Message of Hope)으로 좌절하고, 실망하고, 낙심하고 용기를 잃은 이스라엘 백성에게 용기와 힘과 희망을 주는 메시지를 전했다. 어떤 예언자도 심판의 말씀만 전하지는 않았다.(예: 마른 뼈 골짜기 환상(에스겔 37장))

또한 예언자에게는 일정한 예언 패턴이 있었다. 즉 하나님과의 계약신앙에서 출발하여 사회적 불의와 부조리를 하나님과 인간의 잘못된 관계에서 분석하고 하나님과의 관계를 회복하는 것이었다. 그 예언 패턴의 한 예로 다윗과 밧세바 사건을 들 수 있다. 다윗은 결 혼한 여성 밧세바와 관계를 가져 아기를 임신시켰고, 나중에는 밧세바의 남편 우리아를 죽이는 일을 도모했다. 이 엄청난 일을 알고 나단예언자는 등장하여 왕 다윗을 비판한다. 여기서 밧세바에 대해서는 어떤 지적도 하지 않는다. 다윗은 그후 철저한 반성과 회개를 통하여 하나님과의 관계를 회복하였다. 밧세바에게서 낳은 둘째 아들, 솔로몬이 다음 왕위를 이어받게 되었다.

고대 이스라엘의 직분 중에 여성의 활약이 비교적 두드러진 것이 예언직이다. 이들이 등장할 때 별다른 지적이 없다는 것은 여성 예언자들이 계속 존재했다는 것과 여성들의 예언전통을 확인할 수 있다. 또한 예언서에 여성의 경험을 바탕으로 한 예언의 내용들(해산하는 여인의 고통, 버려진 아내의 처절함, 자식 잃은 어머니의 애절함 등)이 등장한다. 여성 예언자들이 눈에 띈 활동을 하지 않았다 하더라도 어머니, 아내 등의 예화를 통해 보다 가깝게 다가간 예언자의 흔적을 찾을 수 있다.

성서에 등장하는 여성 예언자 '네비아'로 지칭되는 세 명의 예언자를 소개하고자 한다. 첫 번째는 미리암 예언자이다. 이미 모세의 누나로 잘 알려진 미리암이지만, 그의 행적에서 남성 예언자 못지않은 지도력을 살펴볼 수 있다. 출애굽기 15장을 통해 홍해를 건너면서 하나님을 찬양하고 있는 미리암은 악기 소구를 들고 춤을 추며 공동체를 이끈 행위예술가로서의 면모도 보여준다.(출애굽기 15장 20-21절) 이후 모세가 구스여인과 결혼을 하는 것을 아론과 함께 비판하지만, 미리암만 나병이 생겼다고 언급된다. 그의 병은 나을 때까지 공동체가 행군하지 않고 기다리며 영향을 줄 만큼 큰 것이었다.(민수기 12장) 여성의 지도력에 대한 평가는 어느 편에서 해석하느냐에 따라 달라지기에 유의할 필요가 있고 보다 긍정적인 상을 기대하며 해석할 때 오늘의 여성들의 지도력에도 새로운 전망을 줄 수 있다.

두 번째는 사사기에 등장하는 유일한 여성사사인 드보라이다.(사사기 4장) 그는 사사로 알려졌지만, 예언자로서 지도력을 발휘했기에 소개한다. 남편 랍비돗도 있었지만, 드보라의 활약은 대단했다. 바락 장군이 시스라와의 전쟁에서 드보라를 앞장세워 함께 가고자 한 모습에서 알 수 있다. 결국 드보라가 함께한 전쟁은 크게 이기게 되었다. 하나님이 세운 여성사사 드보라인 것을 기억하자.

세 번째는 요시야왕 시대의 훌다이다.(열왕기하 22장) 이름상으로는 성의 구분이 어렵지만, 훌다는 여성 예언자였다. 그는 이스라엘의 다른 예언자들과 비교해 이름이 알려지지는 않지만, 당시 왕이 문제를 해결하기 위해 훌다를 찾아갔던 것으로 보아 상당히 영향력을 끼쳤던 예언자임을 알 수 있다. 요시야의 종교개혁에 결정적인 역할을 한 훌다에게서 우리는 무엇을 배울 수 있을까? 우선은 내면의 힘을 키우며 그 전문성을 인정받을 필요가 있다. 왕이 자신의 문제를 해결하러 훌다를 찾아갔던 것을 보았을 때 누구와도 소통하며 친화력을 발휘하는 것 역시 중요할 듯하다.

인권감수성에 대한 성서적 전망

인권감수성은 그렇게 확장돼야 할 것이다. 성서 소수자들의 예는 너무도 많지만, 여기서 지적하고 싶은 것은 왕이나 어린이나 가진 자나 못 가진 자나 차별 없이 대할 수 있는 감수성이 우리에게 있는 가이다. 힘없이 당하는 이들의 편에 예언자는 함께 했다. 거짓 예언자로 권력의 하수인이 된 이들도 있으나, 지배 이데올로기에 맞서며 하나님의 공의를 현실에서 실현하고자 예언자들은 외쳤다.

최근 낙태에 대한 합헌 불일치라는 판결문(2019.4.11)을 보았고 사회담론은 진일보하고 있는 데 반해 이를 반대하고 걱정하는 일부 기독교계의 목소리를 듣게 된다. 이것은 비단 낙태의 문제에서 끝나지 않고 인권침해를 받는 소수자, 약자 등 비정상이라 규정짓는 권력(힘)을 가진 정상인들에 의해 계속될 우려가 크다. 특히 기독교는 성서라는 경전을 중심으로 해석하고 판단한다. 성서가 갖는 무수한 해석학적 문제가 있음에도 이미 듣고 싶은 부분만 듣는 데에 익숙해 져 있는 이들에 의해 억압과 폭력은 계속되고 있다고 생각한다. 성서에도 인권을 침해하는 내용이 분명히 있다. 하지만 이미 우리는 하나의 답만을 찾지 않기에 그 너머에 있는 하나님의 사랑과 자유를 읽을 수 있어야 한다. 예수께서 자신을 희생하면서까지 생명을 사랑하신 인권감수성의 최정점을 보게 된다. 그렇기에 인권에 대한 자기 생각을 정리할 수 있게 되길 바란다. 자신의 위치가 약자라면 약자의 위치에서 자신의 목소리를 내는 것을 두려워하지 않아야 하겠고 강자라면 그들이 지금 누리고 있는 것들은 또 다른 누군가의 희생과 몫을 대신하고 있다는 사실을 간과하지 않아야 할 것이다. 소수의 혜택 받은 자로서 감사와 동시에 이 시대의 소수자에 대한 책임감을 가져보는 건 어떨까?

참고자료

우택주.『새로운 예언서 개론』 침신대출판부, 2009.
이나영.『환대받은 권리, 환대할 용기』 동녘, 2016.
조효제.『인권의 문법』 후마니타스, 2007.
패트릭 S. 쳉.『무지개신학』 이영미 역. 무지개신학연구소, 2018.
한국문화신학회 엮음.『소수자의 신학』 동연, 2017.

영화
「날아라 펭귄」(2009),「위대한 쇼맨」(2017)

사이트
국가인권위원회(https://www.humanrights.go.kr)
한국여성정책연구원(https://www.kwdi.re.kr)
뉴스투데이, “헌재 “낙태죄, 임신 여성 자기결정권 제한” 인정..‘헌법불합치’ 결정“(2019.4.11. http://www.news2day.co.kr/124810)

7장 _ 노인(선배 시민)에 대한 성서 이해

중심 단어와 주변 단어

고령사회, 부모공경, 어린이 존중, 노인 빈곤

♬ 들어가기 전에

1. 한국 사회에서 노인은 어떤 존재인가?
2. 나이에 따라 기대하는 상이 달라지는가?

"백발은 영화로운 면류관이니, 의로운 길을 걸어야 그것을 얻는다."(잠언 16장 31절)

"노인의 빈곤과 질병, 차별과 편견, 소외와 고독은 노인 자신뿐만 아니라 인간 전체의 존엄을 되묻는 지구적 과제가 됐다." (이낙연 전 국무총리(제3차 아셈 노인 인권 콘퍼런스 개회식 축사 중))

인간은 태어나고 성장해 노인이 되는 것은 자연스러운 이치다. 시간과 함께 누구나 늙는다. 신체의 늙음은 다소 늦출 수는 있어도 막을 수는 없다. 늙으면 기력이 빠지고 신체기능이 저하되고 정신까지도 희미해진다. 인간의 늙음은 죽음과도 연결해 부정적인 의미가 되기도 한다.

노인이란 단순히 인간이 살아가는 생물학적 과정만을 의미하는 것이 아니라 그 시대의 사회, 문화, 정치, 경제 등 여러 가지 요인과 밀접하게 관련되어 있다. 전통적으로 우리나라에서는 60세(환갑) 이상을 노인으로 보는 견해가 지배적이었지만, 생활 수준의 향상과 평균수명의 증가로 인해서 65세, 심지어 70세 이상을 노인이라고 인식하는 경향이 늘어나고 있다. 우리나라 노인복지법(1993)과 국민기초생활보장법(2000)에서는 65세 이상을 노인으로 규정하고 있고, 국민연금법에서는 60세부터 연금수령의 연령으로 규정하고 있다.

고령사회는 전체인구에서 고령 인구(만 65세 이상)의 비율이 14%를 넘긴 사회로 우리나라는 2000년 고령화 사회(7%)에서 2017년 빠르게 고령사회로 진입했다. 20% 이상을 초고령사회라고 하는데 이도 멀지 않았다. 최근 유엔(UN)이 평생연령기준을 다시 정립하여 새로운 기준을 발표하였는데, 미성년자는 0-17세, 청년은 18-65세, 중년은 66-79세, 노년은 80-99세, 장수 노인은 100세 이후가 된다. 비교적 넓은 범위의 연령대를 가진 청년을 넘어 중년에 해당하는 일반적인 노인은 사회의 주요 구성원이 된다는 의미이기도 하며 그만큼 준비가 필요하다고 할 수 있다.

한국 사회의 노인의 모습

한국 사회에서도 노인의 입지가 예전 같지 않다. 소위 보수적인 태도만을 고집하며 설득하는 것도 문제지만, 더 노인의 이야기에 경청하려 하지 않는 젊은 세대에게도 문제가 있다.

우리나라의 국가경제순위에 비해 노인의 복지 수준은 낮은 편이다. 특히 경제적인 면에 있어 노인 빈곤율이 높으며 사회적으로 삶의 질에 있어 젊은 세대와는 격차가 벌어진다. 세계노인복지지표에 따르면 한국의 노인의 복지 수준은 전체 96개국 중 50위를 차지한다고 한다. 그중 소득 보장이 80위로 가장 낮은 지표로 노인 빈곤율과 상대적 복지가 취약함을 지적할 수 있다. 가부장제 가족 개념이 상실되어 가는 사회 속에서 노인의 지위는 더 불안정한 상태에 놓이게 된 면도 있다.

건강하게 오래 사는 것은 누구나 원하는 것이다. 이를 위해 여러 매체와 산업은 신약을 개발하거나 운동, 미용 등을 권하고 있지만, 이 역시 자본과 연결되어 빈익빈 부익부의 양극화의 모습을 보이는 경우가 많다. 혼자 사는 노인 92만여 명은 저조한 사회활동과 영양 · 건강관리 부족 등으로 여러 질병에 노출되거나 고통받고 있는 것이 현실이다. 고령화와 더불어 경제적 양극화의 문제도 무시할 수 없게 되었다.

그동안 노인세대는 여러 방식으로 자신의 경험을 기준으로 설명하고 설득해 온것을 스스로 돌아보아야 한다. 그들은 여러 사회적 이슈에 젊은 세대와 소통하며 공감하기보다 세대간 갈등의 중요원인을 제공하기도 한다. 보수적 성향을 가진 노인들은 진보적인 이들에 맞

서 정치 싸움에 동원되고 소비되는 모습을 보여 안타깝기도 하다.(예: 태극기 부대)

그렇다면, 고령사회와 노인세대에 대해 교회는 잘 준비하고 있는지 묻고싶다. 청년세대는 떠나가고 고령화되는 교회는 아닌가? 그 빠르고 큰 변화 앞에 성서에는 노인에 대해 어떻게 설명하고 그에 맞는 우리의 대처는 어떠해야 하는지 살펴보자.

성서에서 본 노인의 모습

성서의 신앙인들은 노년에 이르기까지 장수하는 것을 부끄럽게 생각하거나 욕심이라고 여기지 않았으며 하나님의 은총을 증언할 좋은 기회로 삼았다. 그것은 오늘을 사는 노인에게도 적용할 수 있다. 하지만 IT산업의 발달로 인해 그리 단순하게 설명할 수 없다. 예전에는 지혜와 지식이 오랜 세월을 통해 축적되어 전달되었다면, 오늘의 시대는 스마트폰사용법에 대해 초등학생 손주에게 물어보라고 권하는 것이 자연스러워졌다. 그만큼 현대의 급변하는 사회상에 적응하지 못하는 노인들이 늘어나는 것도 사실이다.

성서에서 노인은 어떻게 묘사되는가? 그들은 점점 연약해지며 상처받기 쉬운 상태로 표현된다. 노인이 되면 질병과 노화로 인해 약해짐을 전제로 하여 노인을 무시하거나 차별하지 말고 이들에 대한 공경과 돌봄을 권장한다. 사실 십계명으로 잘 알려진 율법에서도 가장 인간 된 도리로 지켜야 할 것으로 부모를 공경하라고 명령한다. 이는 상반된 모습이 있다. 백발이 지혜의 상징인 것 같은 느낌도 들지만, 어려움에 처해 있는 노인들이 더많이 나오기 때문이다. 따라서 성서에서 부모(노인)공경을 강조했는지도 모르겠다.

> 너희 부모를 공경하여라. 그래야 너희는 주 너희 하나님이 너희에게 준 땅에서 오래도록 살 것이다.(출애굽기 20장 12절)
>
> 너희 부모를 공경하여라. 주 너희 하나님이 명하신 것이다. 그래야 너희는, 주 너희의 하나님이 너희에게 준 땅에서 오래 살면서 복을 누린다.(신명기 5장 16절)
>
> "아버지와 어머니를 업신여기는 자는 저주를 받는다" 하면, 모든 백성은 "아멘" 하십시오.(신명기 27장 16절)

구약의 부모공경의 정신은 신약에서도 이어지며 신약 여러 곳에서 강조되고 있다. 마태복음 19장에서는 한 젊은 사람이 예수께 나아와 영원한 생명에 대해 묻자 십계명(출애굽기 20장, 신명기 5장) 중 사람 사이에 지켜야 할 내용(5-9계명)에 관해 물으셨다. 여기에 "네 부모를 공경하라" 라는 말씀이 포함된다. 그가 이 모든 것을 지켰다고 답하자 예수는 소유를 팔아서 가난한 사람에게 주고 자신을 따르라고 명령하신다. 안타깝게도 이 젊은이는 재산이 많았기에 근심하며 떠나갔다고 한다. 신약의 서신서를 통해 보면, '부모를 공경하는 것' 이 '잘 되고 땅에서 오래 사는 것' (에베소서 6장 2절)이며 '주님을 기쁘게 해드리는 일' (골로새서 3장 20절)이고, 반대로 '부모를 거역하는 것' 은 '죽어 마땅하다는 하나님의 공정한 법도를 아는 것' (로마서 1장 30, 32절)이며 '말세에 어려울 때 일어날 것 중 하나(디모데후서 3장 1-2절)로 언급된다.

부모공경보다 중요한 것

부모를 공경하고 섬기라는 말씀과 대조적으로 예수는 '부모를 버리고 자신을 따르라'는 말씀을 하신다. '그들에게 영원한 생명이 있다'라고도 하신다.(마태복음 19장 29절) 실제로 예수께서 사람 낚는 어부로 부르셨을 때 세베대의 아들 야고보와 그의 동생 요한은 아버지 세베대를 뒤로하고 예수를 따랐다.(마태복음 4장 21-22절) 이를 어떻게 이해할 수 있을까? 더 가치 있는 일, 정의로운 일에 자칫 부모님이나 가족이 걸림이 되어 주저하고 있는 이에게 상기시켜주고 용기를 주는 것이라고 할 수 있다. 물론 그 선택의 기준은 얼마나 생명을 살리며 이웃을 사랑하는 데 있는 것이다.

노인 공경과 같이 가는 어린이 존중

예수는 노인 공경뿐 아니라 어린이에 대한 존중도 강조하셨다. 복음서 세 곳에 등장하는 중요한 내용이기도 하다.

> …너희가 돌이켜서 어린이들과 같이 되지 않으면, 절대로 하늘나라에 들어가지 못할 것이다. 그러므로 누구든지 이 어린이와 같이 자기를 낮추는 사람이 하늘나라에서는 가장 큰 사람이다.(마태복음 18장 3-4절; 마가복음 9장 36-37절; 누가복음 9장 48절)

하늘에서 큰 사람은 땅에서 돈이 많거나 나이가 많거나 권력을 소유한 것이 아닌 자신을 낮추는 사람이다. 그는 어린이처럼 순수하고 부족함을 인정한다. 그것이 가장 중요하다고 강조한다. 나이가 들면 말이나 행동이나 어린아이와 같이 된다고 하지 않았는가? 고집스럽게 자신의 것을 놓지 않으려는 노인의 가치관과 비교되면서 어린이를 존중하는 의미를 알아야 하겠다.

성서 속의 여성 노인

성서에서 약자를 말할 때 노인은, 그것도 남성 노인은 해당하지 않았다. 그들은 오히려 삶의 지혜와 성숙함을 지닌 존중받는 계층이었음을 알 수 있다. 며느리 다말과 성관계하여 아이를 낳은 노인 유다(창세기34장)가 있었는가 하면, 다윗이 늙어 몸을 따뜻하게 하려고 고용된 수넴 여성 아비삭(열왕기상 1장)을 보면, 잘못이 가려지기도 하고 권력을 가진 남성 노인으로 여성 인권에 관해서는 관심이 없어 보인다. 하지만 남편이 없는 여성 노인은 다르지 않았을까 싶다. 룻기에 나오는 나오미를 보면 경제생활을 오직 며느리 룻에게 의존하고 있는 모습을 볼 수 있기 때문이다. 비록 나오미는 육체적인 노동은 하지 않았지만, 마을의 상황을 잘 알아 며느리 룻을 재혼시키고 자손을 얻게하는데 큰 공을 세운다.

또 하나는 아벨에 사는 지혜로운 여성이 있다.(사무엘하 20장) 다윗에게 반기를 들고 반란을 일으킨 세바가 아벨 지역으로 도망가자 이를 뒤쫓은 요압과 군대는 아벨을 포위하고 성을 무너뜨리려 했다. 그때

중재자로 이름 없이 등장한 한 여성이 있었다. 그는 다윗 왕의 부하인 요압 장군과 독대하여 질문하고 제안을 하는 모습에서 지혜가 있었다. 그리고 그가 아벨 성에 사는 사람들을 설득하여 세바를 잡는 일을 주도하는 모습을 통해 젊은 여성이 아니라는 것을 짐작할 수 있다. 결국, 아벨에 사는 이들과 협력해 세바를 죽이고 그 머리를 잘라 요압에게 갖다 주어 성을 위험에서 건져낸 지도력을 가진 여성 노인이라고 할 수 있다.

비록 주목받는 다수는 아니지만, 나이든 여성의 흔적은 다른 곳에서도 찾을 수 있다. 그들은 왕에게 요구해 재산을 되찾으며 가장의 역할을 한 수넴 지역의 한 여성(열왕기하 8장)과 남편과 아들까지 잃은 상황에서 남유다 왕조를 6년 이상 지켜낸 여왕 아달랴(열왕기하 10장), 앞장에서 살펴본 남유다 요시야 왕 시대에 성전에서 발견한 율법 책에 대해 궁금증을 해결해 준 여성 예언자 훌다(열왕기하 22장) 역시 중년 이상의 여성임을 짐작게 한다. 그들의 역할을 재조명하고 알릴 필요가 있다.

선배시민을 통한 성서적 전망

노인의 특징을 들어 젊은이에게 충고하는 전도자의 목소리이다.

> 젊을 때에 너는 너의 창조주를 기억하여라.
> 고생스러운 날들이 오고, 사는 것이 즐겁지 않다고 할 나이가 되기 전에, 해와 빛과 달과 별들이 어두워지기 전에, 먹구름이 곧 비를

몰고 오기 전에, 그렇게 하여라.

그때가 되면, 너를 보호하는 팔이 떨리고, 정정하던 두 다리가 약해지고, 이는 빠져서 씹지도 못하고, 눈은 침침해져서 보는 것마저 힘겹고, 귀는 먹어 바깥에서 나는 소리도 못 듣고, 맷돌질 소리도 희미해지고, 새들이 지저귀는 노랫소리도 하나도 들리지 않을 것이다. 높은 곳에는 무서워서 올라가지도 못하고, 넘어질세라 걷는 것마저도 무서워질 것이다. 검은 머리가 파뿌리가 되고, 원기가 떨어져서 보약을 먹어도 효력이 없을 것이다. 사람이 영원히 쉴 곳으로 가는 날, 길거리에는 조객들이 오간다.

은사슬이 끊어지고, 금그릇이 부서지고, 샘에서 물 뜨는 물동이가 깨지고, 우물에서 도르래가 부서지기 전에, 네 창조주를 기억하여라.

육체가 원래 왔던 흙으로 돌아가고, 숨이 그것을 주신 하나님께로 돌아가기 전에, 네 창조주를 기억하여라. (전도서 12장 1-7절)

이사야 예언자는 노인을 향한 하나님의 마음을 드러낸다. 이는 노인 역시 하나님의 형상으로 지음받은 존재로 하나님이 주양육자가 되어 보살피고 돌보시는 것을 다시 확인해 준다.

너희가 태어날 때부터
내가 너희를 안고 다녔고,
너희가 모태에서 나올 때부터
내가 너희를 품고 다녔다.

너희가 늙을 때까지

내가 너희를 안고 다니고,

너희가 백발이 될 때까지

내가 너희를 품고 다니겠다.

내가 너희를 지었으니,

내가 너희를 품고 다니겠고,

안고 다니겠고,

또 구원하여 주겠다. (이사야 46장 3-4절)

인간은 모두 늙기에 노인의 문제는 누구에게나 해당하고 중요한 주제이다. "나이는 숫자에 불과하다는 말"이 있다. 사회가 나이를 기준으로 노인의 지위를 부여하고 그들이 생각하는 노인상에 맞는 생각과 행동을 강요하지는 않는가? 노인에 대한 부정적인 이미지는 그들 스스로 그린 자화상이 아니라, 사회가 구조적으로 생산한 일그러진 이미지에 불과할 수 있다.

미래의 나의 모습도 노인이다. 노인은 노화에 대한 관점과 사회적 가치관에 따라 결정된다. 이제 베이비붐 세대가 노년기에 진입하면서 높은 교육수준과 경제력을 바탕으로 자아실현의 욕구가 강한 노인들이 자신에 대한 투자를 아끼지 않으며 소비시장의 새로운 강자가 되었다고들 한다. 자기관리를 잘하고 외모를 가꾸며 남은 삶의 질을 높이는 노인들도 많아졌다. 우리는 앞으로 노인을 선배 시민으로 불러보면 어떨까? 이주민의 대응단어로 선주민, 장애인의 대응단어로 비장애인이라고 하듯이, 노인 자신의 정체성과 자존감을 위해 선배 시민으로 그 대응단어를 후배 시민으로 사용하는 것을 제안한다.

여성 노인이나 남성 노인은 스스로 선배 시민의식을 통해 지역사회와 교회에서 중요한 역할을 해야 하며 할 수 있다. 그것은 꼰대나 시니어플레인(Senior와 explain의 합성어로 늘 길게 설명하려는 어른), 라떼족(나 때(라떼)는 말이야~ 라고 하며 자신의 경험을 주입하려는 어른)이 아닌, 더욱 정의로운 일에 앞장서 본을 보이며 후배 시민들과 연대하는 것이 필요하다. 후배 시민들 역시 노인 인권에 관심을 갖고 제도적인 뒷받침을 하여 모두에게 건강한 노후를 대비할 수 있도록 도와야 하겠다.

참고자료

국가인권위원회 외.『나이들어도 괜찮을까』 삶은책, 2017.

김찬호 외.『선배수업』 서해문집, 2017.

박혜란.『다시, 나이듦에 대하여』 웅진지식하우스, 2011.

정주호. "성서와 노인 교육"『복음과 교육』 11, 1993.

조성남.『에이지붐 시대: 고령화사회의 미래와 도전』. 이화여자대학교 출판부, 2004.

한동구. "노인 및 노령에 대한 구약성서적 이해",『사회과학연구』 3 평택대학교 사회과학연구소, 1999.

영화

「수상한 그녀」(2014),「누구는 알고 누구는 모르는」(2019)

8장 _ 교회의 건강한 방향 이해

중심 단어와 주변 단어

브리스길라, 바울, 교회공동체, 기독교(종교)개혁

♬ 들어가기 전에

1. 교회는 예배당과 같은가, 다르다면 무엇이 다른가?

2. 교회의 주인은 누구인가?

초대교회는 예수께서 죽으시고 다시 살아나신 사건, 즉 부활 이후 사도들을 중심으로 시작되었다. 비록 예수는 이 땅에서 3년간의 공적 생애와 33세의 짧은 삶으로 마감했지만, 예수를 믿는 이들은 지속해서 늘어났고 그의 가르침과 사상은 교회를 통해 드러나게 되었다. 먼저는 열두 제자를 비롯해 여성들과 사도들에게 전파되었고, 이어 예루살렘 유대인들, 그리스인들에게 전해졌다. 그들은 순교를 감당하면서까지 예수를 믿고 신앙을 지키게 되었다. 예수의 신앙의 배경이 된 종교는 이스라엘이 전통적으로 지켜온 유대교였다. 따라서 예수가 전한 새로운 가르침은 유대교 지도자들에게는 유대교의 율법을 넘어서는 불편한 것이었고, 로마 지도자들에게도 민중을 선동하는 혁명적 위협을 느끼게도 했다.

예수를 전한다는 이유로 일곱 명의 집사 중 한 명인 스데반은 순교를 당하기도 했다(사도행전 7장 57-60절). 그럼에도 그는 "자신을 죽이려는 이들의 죄를 용서해 달라"는 예수께서 십자가상에서 하신 말씀과 같은 말을 외치고 죽음을 맞았다. 이때 앞장서서 예수를 믿는 자를 찾아내고 잡아들이는 일을 하던 바울 역시, 옷 맡은 이로 같은 자리에 있었다. 하지만 환상 중에 예수를 만남으로 결정적인 회심을 경험한다. 이후 바울은 자신의 모든 것을 내려놓고 선교사로 예수를 전하는 일에 전력을 다한다. 또한 베드로는 당시 유대인으로서는 받아들이기 어려운 외국인(이방 민족)과 손을 잡는 일을 통해 안디옥교회(사도행전 11장)를 설립하게 되었다. 이후 바울의 선교여행은 소아시아와 유럽, 로마지역에 교회를 세우며 제자를 양육하기에 이른다. 그 안에서 많은 동역자를 만나게 되고 교회에 보낸 서신들을 통해 기독교 교리가 세워지고 보다 견고해 졌다.

바울에 대한 이해

바울은 예수 이후 초기 기독교에서 가장 중요한 인물 중 한 사람이다. 그러나 앞서 언급한 대로 그는 처음에는 예수를 믿는 자를 잡아 처형하는데 앞장선 유대인 중의 유대인이었다. 또한 로마시민권을 가지고 있었으며 유대인 가말리엘 스승의 제자로 상당한 지식과 학식을 겸비하였다. 그러던 중 회심을 경험하는데, 사도행전에서는 3번 반복적으로 언급함(9, 22, 26장)으로 그의 회심은 상당히 중요한 것으로 나중에는 "이미 택정하심을 받은 자"(갈라디아서 1장 15절)로 자신을 규정하기도 한다. 이후 그의 삶은 예수를 믿는 자를 핍박하는 위치에서 예수를 전하며 핍박받는 위치로 변모하게 되었다. 그는 외부의 지원에 의존하지 않는 자비량 선교사이기도 했다. 그의 직업은 천막 짓는 사람(tent maker)으로 노동의 현장에서, 자신이 알고 있는 예수를 전했으며 때로 같은 업종에 종사하는 브리스길라(아내)와 아굴라(남편) 부부를 통해 더욱 효과적으로 선교의 일을 감당할 수 있었다. 특히 남편에 앞서 언급된 브리스길라(사도행전 18장 26절, 로마서 16장 3절, 디모데후서 4장 19절)는 당시 바울의 동역자로 중요한 인물이었을 것으로 추측된다.

바울이 글로 남긴 많은 서신서의 내용은 후대 어거스틴, 루터 등 많은 신앙인에게 큰 영향을 주었다.

> 낮에 행동하듯이 단정하게 행합시다. 호사한 연회와 술취함, 음행과 방탕, 싸움과 시기에 빠지지 맙시다. 주 예수 그리스도로 옷을 입으십시오. 정욕을 채우려고 육신의 일을 꾀하지 마십시오(로마서 13장 13-14절- 어거스틴)
>
> 오직 의인은 믿음으로 말미암아 살 것이다.(로마서 1장 17절 -루터)

바울을 중심으로 한 선교 확장

로마제국 시대를 배경으로 바울이 선교를 할 수 있었던 큰 이유로 다음과 같이 네 가지 면에서 이해할 수 있다.

첫째, Pax Romana(팍스 로마나)이다. 즉 로마의 평화 시기를 말한다. 침묵을 이끄는 평화라고도 할 수 있지만, 당시 정복이 주로 이뤄지던 시대가 지나가고 나름의 민족의 관습과 종교를 존중하는 평화 분위기에서 예수의 복음이 전해질 수 있었다.

둘째, Via Romana(비아 로마나)이다. "모든 길은 로마로 통한다."라는 명언에서 알 수 있듯이, 로마의 교통을 이용한 선교이다. 당시 로마가 정복을 위해 육로나 수로를 개척한 것을 바울이 유용하게 활용할 수 있었다.

셋째, Lingua Romana(링구아 로마나)이다. 'Lingua'는 영어 'language'로 전해진 단어로 로마제국 시대답게 소아시아를 중심으로 지역 모든 언어는 로마어(헬라어)로 통일되어 있었다. 따라서 언어의 소통은 선교를 확장하는 데 중요한 역할을 하였다. 신약성서는 헬라어로 기록되었고, 구약성서의 헬라어 번역인 70인역도 이때 나왔다.

넷째, Diaspora(디아스포라)로 흩어진 자들이란 뜻을 가진다. 이스라엘 사람들은 바벨론 포로기(주전 586년)를 거치며 자국에 있지 못하고 흩어져 살게 되었다. 페르시아를 거쳐 로마의 식민지 아래에서 같은 처지였다. 그런 상황에서 바울은 흩어져 있는 이스라엘 사람들을 만나 선교를 더 효과적으로 할 수 있었을 것이다. 이국땅에서 자신과 국가적, 문화적 정서가 비슷한 이들은 주요 선교대상이 되었다.

로마제국이 기독교 국가가 되기까지

로마제국은 알다시피 로마 황제를 신격화했으며 유일하게 숭배할 대상으로 보았다. 그런 중에 기독교인들이 이를 거부하고 예수를 구세주(메시아)로 받아들이고 유일하신 하나님을 신앙한다고 했을 때 박해는 피할 수 없는 것이었다. 마치 일제 강점기 때 한국 기독교인들의 박해와 순교가 있었던 것과 유사하다. 온갖 고난과 역경을 감내하면서 기독교 신앙은 유지되었다. 지금도 일부 남아있는 카타콤(지하무덤, 땅속에 도시를 형성해 박해를 피해 살던 곳)은 그들이 신앙을 지키기 위해 얼마나 노력했는가를 알 수 있다. 헬라어 익투스(ΙΧΘΥΣ)는 '물고기'란 뜻으로 '예수(Ιησους 이에수스) 그리스도(Χχριστος 크리스토스) 하나님(Θεος 데오스) 아들(Υιος 휘오스) 구세주(Σωτηριας 소테리아스)'란 각 단어의 첫 글자를 모은 단어이다. 박해상황에서 기독교임을 표시하는 기호가 되어 오늘날에도 전해진다.

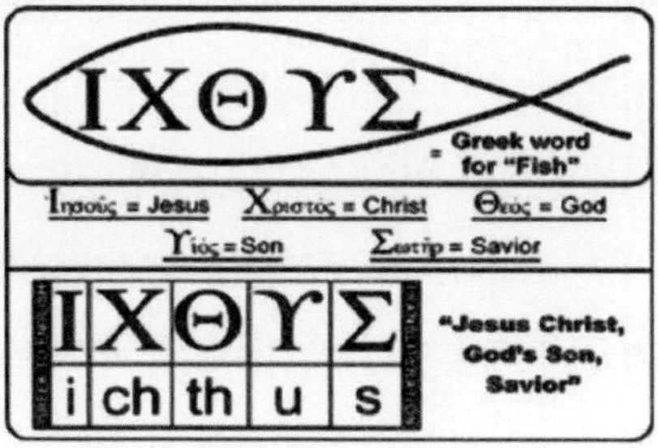

결국, 313년 로마는 기독교를 공인하게 되었고, 392년 마침내 로마의 국교가 되면서 중세가 열리게 되었다. 이후 종교(기독교) 개혁(1517년) 전까지의 시간을 중세시대라고 하며 서구 기독교가 가진 절대적

권력을 가진 모습을 여러 예술 작품을 통해 보여주기도 하였다.

교회에 대한 이해

교회(church)란 헬라어로 에클레시아 (Ekklesia)로서 "하나님의 부르심을 입은 사람들의 모임, 혹은 하나님을 믿는 사람들의 모임"이란 뜻을 가진다. 당시 유대인들도 자신들이 사용한 교회(회당)는 시나고그(synagogue)가 있었다. 하지만 시민용어로 사용된 에클레시아는 자연스레 교회를 가리키는 단어가 되었다. 이와 비교해 학교와 병원, 기관과 같이 교회의 예배당이 아닌 예배 장소 또는 일반 건물에서 실시하는 예배행위를 채플(chapel)이라고 한다.

> 하나님께서는 만물을 그리스도의 발아래 굴복시키시고, 그분(=예수)을 만물 위에 교회의 머리로 삼으셨습니다. 교회는 그리스도의 몸이요, 만물 안에서 만물을 충만케 하시는 분의 충만함입니다.(에베소서 1장 22-23절)

381년 니케아-콘스탄티노플 신조에서 정해진 교회의 속성은 네 가지의 형용사로 이루어져 있다. 하나의(one), 거룩한(holy), 보편적인(catholic), 사도적(apostolic) 교회이다. 지금의 천주교가 교황제도, 교구제도 등을 따르고 있다.

교회는 건물로서의 교회라기보다 공동체로서의 교회로 예수 그리스도를 따르는 공동체이다. 교회의 모든 구성원은 서로에 대한 책임이 있다. 지체의식으로 한 나무가 생명력을 가지기 위해서 뿌리부터 가지와 잎, 열매까지 유기적인 관계로 되어야 가능함을 알 수 있다. 교회의 구성원 모두는 각각 이 땅에서 하나님 나라를 위한 부르심과 은사를 받았다. 이를 믿어야 하고 힘써 지키고 활용해야 한다. 교회란 건물로서의 의미라기보다 공동체의 성격이 강하다. 그것은 적어도 둘 이상의 사람들이 모이는 것이라 할 수 있고 성서에서는 하나님의 사람들, 그리스도의 몸으로 설명한다.

> 하나님의 사람들; 내가 그들과 함께 살며 그들과 함께 하여 나는 그들의 하나님이 되고 그들은 내 백성이 될 것이다.(고린도후서 6장 16절)
> 그리스도의 몸; 여러분은 그리스도의 몸이며 여러분 한 사람 한 사람은 그 몸의 각 지체입니다. (고린도전서 12장 27절)

그리스도의 몸은 세 가지 면에서 생각할 수 있다. 첫 번째, 다양성(diversity)으로 "몸은 한 지체로 되어 있는 것이 아니라 많은 지체로 되어 있습니다."(고린도전서 12장 14절)에서 알 수 있듯이 각자가 맡는 역할이 다르며 매우 다양하다는 것이다. 두 번째, 조화성(harmony)은 "하나님께서는…. 몸의 조화를 이루게 하셨습니다. 그래서 몸 안에 분열이 없이 모든 지체가 서로 도와 나갈 수 있게 하신 것입니다."(고린도전서 12장 24-25절)를 근거로 다르지만, 질서와 조화를 이루기에 아름답다. 마지막, 세 번째로 연합성(unity)은 "지체는 많아도 몸은 하나입니다."(고린도전서 12장 20절)를 통해 지체나 구성요소는 다양하고 많지만,

결국 하나 된 모습, 연합을 통해 보여준다.

교회의 대표적인 기능

교회의 대표적인 기능으로, 헬라어로 표기되는 케리그마, 코이노니아, 디아코니아가 있다. 케리그마(Kerygma)는 선포란 뜻이 있는데 여기서는 예수의 복음, 하나님의 말씀을 선포하는 것이다. 이것은 교회가 가야 할 바를 알려주는 중요한 지침이 된다. 코이노니아(Koinonia)는 교제란 뜻으로 믿는 사람들 간의 친교가 중요함을 알려 준다. 디아코니아(Diakonia)는 봉사의 의미가 있다. 섬기고 봉사하는 것으로 교회 안에 머무는 것이 아니라 교회 밖으로 흘러가게 하는 역할을 해야 한다. 현재의 교회에서 이 세 가지를 균형 있게 가르치고 실행하고 있는지에 대해 점검해 보면 좋겠다. 경제적인 면을 들어 소위 인건비로 목회자 급여로 많이 나가며 교회 안에서 교제라는 명분으로 체육대회, 감사축제 등 내부적인 것에 사용되어 실제로 디아코니아에 그만큼 못 미치는 경우가 많은 것 같다. N분의 일을 할애하여 그만큼 역할을 하지 못한 것이 있다면 적극적으로 챙겨 보면 어떨까? 실제로 경제적으

교회의 기능

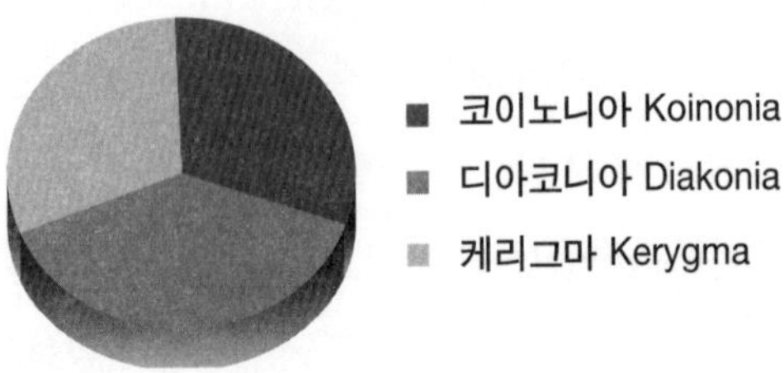

로 독립을 하지 못한 60% 이상 되는 미자립교회, 초교파로 운영되는 기독 단체 등에 관심을 가지고 선교비로 흘러가게 하는 건 어떨까?

한국교회는 서구 선교사들에 의해, 혹은 중국이나 일본에서 서양 학문에 눈을 뜬 한국인들에 의해 이미 한글성서로 번역되어 전해졌다. 그 가치와 가르침은 단순히 서구제국주의 사고와 문화를 그대로 전해지지 않았고 오히려 여성, 노예, 장애인 등 당시 못 배우고 가난한 주변부에 속한 이들에게 해방과 자유를 준 실제 복음이 되었다. 그것은 순수하고 올곧은 신앙이 되어 눈물과 희생 위에 한국교회가 성장할 수 있었다. 따라서 한국교회의 성장이 몇몇 대표적인 목회자의 노력이나 공로로 결정하는 것에 대해 다시 생각해야 한다. 오히려 1,2세대 목회자는 교회의 부흥과 성장을 깊이 있게 맛보았으며 그 과정에서 경제발전과 더불어 정치적으로 중요한 위치를 가져서 권력까지 잡게 된 면도 있다. 사실 주변부에 있었던 사람들은 자신의 신앙이 몇몇 목회자에 의해 좌우될 수 없음에도 케리그마라고 하는 목회자의 말씀 선포에 영향받아 우민화, 무념화 되었다. 이를 적극적으로 회복하기 위해서는 것은 자신의 교회, 교단 중심의 교제에서 벗어나야 한다. 교회는 섬김과 봉사의 대상을 확대하고 사회적 약자들과 동일하는 실천을 통해 교회의 기능을 다해야 할 것이다.

종교(기독교)개혁 이해

종교개혁(1517. 10. 31)은 사실 서구의 서구의 기독교개혁으로 이해해야 한다. 지금의 다종교상황에서 역사적 사건을 당연시 해왔던 종교는 서구 중심의 사고 안에서 나온 결과물이다. 기독교개혁의 사회 역사적 배경으로는 르네상스-인문주의의 발흥, 콜럼버스의 신대륙 발견과 탐험, 유럽왕권의 강화, 상업의 성장, 구텐베르크가 발명한 인쇄술 등을 들 수 있다. 그간 개혁의 주체로 나선 이들의 희생 역시 빠질 수 없다. 이와 같이 여러 배경은 기독교개혁을 성공으로 이끌었다.

마틴 루터가 제시한 95개조 반박문의 배경과 기독교개혁의 정신

당시 주요 현안에 대해서 대학 내에서 학문적으로 공개 토론하자는 초청의 글이었다. 마틴 루터(M. Luther)가 제기한 공개 토론의 주제는 교황의 이름으로 판매되고 있던 '면죄부'에 관한 것이었다. 돈을 주고 사는 면죄부가 정말 인간의 죄와 이에 따른 하나님의 징벌을 면제해줄 수 있는가, 또한 가톨릭교회 교황은 참으로 면죄권을 갖고 있는가 하는 문제였다. 또한 하나님의 의에 관한 질문이었다. 루터는 어떻게 하면 하나님의 의에 도달할 수 있는가에 대한 의문을 가지고 치열하게 노력하였으나 결국 인간의 죄성이 더 드러나기만 하였다. 결국, 의인은 어떤 행위가 아닌 믿음으로 말미암아 산다(이신칭의(以信稱義),(Justification by faith)고 확신하게 되었다. 중세교회의 부패와 타락에 대한 진단과 해결을 위한 용기 있는 행동이었다. 그전에도 교회의 개혁을 외친 이들이 있었으나 있었으나 실패했고 종교재판을 통해 생을 마감하기도 했다.

루터는 처음에는 아버지의 기대에 따라 법학을 전공하였으나, 개인적인 신앙 체험을 한 후에 신학을 공부하고 사제로 신학교 교수가 되었다. 따라서 당시 라틴어에 능통했다. 당시 예배가 라틴어로 진행되는 것에 대해 자국어인 독일어로 성서를 번역할 필요성을 느꼈고 적극적으로 번역을 하였다. 이는 라틴어에는 문맹에 가까웠던 독일 기독교인들에게 성서의 중요성을 알고 직접 읽을 수 있게 하려는 의도였다. 중세 성화가 발달한 것은 그만큼 문자를 읽을 수 있는 사람이 적었기에 읽는 성서가 아닌 보는 성서인 그림이 중요했다. 사실 시대적 문화적 상황이 반영되어 중세 유럽풍의 성화 앞에서 당황한 적은 없었는지 묻고 싶다. 스스로 읽고 해석하는 자국어로 된 성서는 그런 의미에서 중요하다.

루터는 당시 사제와 수녀의 독신 제도의 폐지를 주장했으며, 본인도 수녀였던 카트리나 폰 보라와 결혼을 하였다. 사실 이러한 일을 할 수 있었던 배경으로 하나님의 도우심과 더불어 제후들의 도움을 기억해야 한다. 당시 기독교 권력에 힘들어했던 지방 제후들의 지지를 통해 루터는 개혁의 줄기를 이어나갈 수 있었다. 루터 지지파들은 '항의하는 자들'이라고 알려졌고, 그런 뜻으로 개혁신앙을 이어가는 기독교를 '프로테스탄트'(Protestant)로 불리게 되었다. 현대에서도 불의한 일에 저항하고 개혁하는 그런 의지를 가진 한국교회의 모습이어야 한다.

기독교(종교)개혁의 정신으로 세 가지가 있다. 첫째, 오직 믿음(Sola Fide, 솔라 피데)으로 행위가 아닌 믿음이다. 하지만 야고보서에는 행함이 없는 믿음은 죽은 것이라고 기록되어 있다. 당시 행위에 따른 폐해가 컸기에 믿음에 강조점을 두었으나 오늘날 이 균형을 맞출 필요가 있다. 둘째, 오직 은혜(Sola Gratia, 솔라 그라티아)로 전적인 하나님의 은혜임을 고백한다. 하나님의 사람이 된다는 것, 신앙을 갖는다는 것은 결코 사람의 생각이나 의지에 좌우되지는 않는다. 셋째, 오직 성서(Sola Scriptura, 솔라 스크립투라)로 당시 성서보다 교회의 제도, 교황이나 사제의 말이 더 중요했다. 그러므로 성서로 돌아가 예수의 뜻과 가르침을 바르게 이해하고 따를 것을 강조한다. 하지만 성서를 문자적으로 읽는 근본주의적 해석이 되어서는 안된다. 우리는 계속해서 하나님의 뜻을 구하는 해석을 통해 현재를 살아가는 이들에게 길잡이가 되어줘야 한다.

교회의 사회적 역할과 성서적 전망

교회의 사회적 역할이 중요한데, 먼저는 샬롬(평화) 사상이다. 이것은 정의 위에 선 평화여야 한다. 힘 있는 자에 의해 상대적으로 약한 자가 소리를 내지 못하는 상태로의 평화는 진정한 평화가 아니다. 가장 약한 이들에게 정의로운 상태가 곧 평화라고 생각한다.

> 가장 높은 하늘에서는 하나님께 영광! 땅에서는 하나님의 은총을 받은 사람들에게 평화! (누가복음 2장 14절)
> 그리스도의 평안이 여러분의 마음을 다스리게 하십시오. 평안을 위해 여러분은 한 몸으로 부르심을 받았습니다.(골로새서 3장 15절)

또한 작은자(小者) 사상으로 이 시대의 약자들에 대하는 바른 태도를 알려 준다. 가장 작은 자에게 나는 어떻게 대하는가? 그를 존중하는가 아니면, 무시하거나 함부로 하는가? 결국, 예수의 생애와 사역을 돌아보면 우리의 행동의 기준이 된다.

> 내가 진실로 너희에게 말하노니 이 지극히 작은 자(소자) 하나에게 한 것이 곧 내게 한 것이요…. 이 지극히 작은 자 하나에게 하지 아니한 것이 곧 내게 하지 아니한 것이다.(마태복음 25장 40, 45절)

마지막으로 빛과 소금의 역할이다. 황금이나 대단한 권력을 얘기하지 않는다. 그러나 우리가 사는 이 땅에 빛이 없다면, 소금이 없다면 어떻게 될까? 꼭 필요한 것이며 이것은 필요한 곳에 쓰임 받을 때 의미가 있다. 밝은 곳에 굳이 빛이 필요 없다. 소금은 맛을 내게도 하지만 부패를 방지하는 역할을 한다. 교회는 어두운 곳을 찾아 밝혀야 하며, 부패하지 않도록 진정한 맛을 내도록 소금의 역할을 다해야 한다.

> 너희는 세상의 소금이다. 그런데 그 소금이 그 맛을 잃으면 어떻게 다시 짜게 할 수 있겠느냐…? 너희는 세상의 빛이다…. 이와 같이 너희 빛을 사람들 앞에 비취게 하라.(마태복음 5장 13-16절)

지금의 화려한 대형교회를 지향하는 것이 아닌, 예수의 정신에 따른 건강한 작은 교회 운동을 전개해야 한다. 주변 약한 이끼들이 많아져 나무를 만들고 숲과 삼림이 되듯 교회생태계가 살아나기 위해 평등한 가치, 좀 더 낮아지고 작은 것을 귀하게 여기는 분위기가 필요하다. "골짜기마다 돋우어지며 산마다, 언덕마다 낮아지며 고르지 아니한 곳이 평탄하게 되며 험한 곳이 평지가 될 것"이라는 이사야 40장 3절의 말씀처럼 가진 자, 있는 자들이 그렇지 못한 이들에게 자신의 것을 내어주고 이끌어 주면서 더불어 느린 걸음을 걷는 것이다. 본회퍼가 주장한 타자를 위한 교회는 주변부를 향하는 교회로 상생을 꿈꾸며 계속해서 고민해야 할 것이다.

참고자료

김근주 외. 『권력과 맘몬에 물든 한국교회』 대장간, 2016.
김춘해. 『한국교회예배와 예배음악의 개혁』 동연, 2017.
이성덕. 『기독교역사의 전환점들』 KMC, 2011.
「복음과 상황」 "탈교회시대 교회를 묻다." vol.352. 2020. 3.

영화
「바베트의 만찬」(1996), 「쿼바디스」(2014)

9장 _ 성서와 경제 이해

중심 단어와 주변 단어

한 예언자 생도의 아내, 엘리사, 양극화, 세계 경제

♬ 들어가기 전에

1. 당신의 인생에서 가장 소중한 것은?
2. 21세기 사람들은 무엇을 숭배하는가?

"일부 사람들은 경제성장이 반드시 더 많은 사회 정의와 포용성을 담보할 것이라고 주장한다. 하지만 아무런 규제가 없는 자본주의는 새로운 유형의 독재이며 부의 불평등은 궁극적으로 폭력사태로 나갈 수밖에 없다."(2013년 11월, 프란치스코 교황)

21세기는 20세기와는 다른 냉전 구조가 해체되고, 정보와 교통 기술의 발달과 신자유주의 확산, WB(세계은행), IMF(국제통화기금), WTO(세계무역기구)의 등장으로 돈, 정보, 문화 상품, 환경 등의 세계화를 가져왔다. 세계는 글로벌 경제체제를 지향한다. 한 국가 내에서 자급자족이 아니라 다국적기업과 생산체계 등 전 세계를 아우르는 시장이 되었다. 이로 인해 모두에게 고른 이득이 갈까? 그렇지 않다. 결론적으로 말하면 부한 나라는 더 부유하게 되고 가난한 나라는 더욱 가난하게 되었다. 나라뿐 아니다. 사람도 그렇다. 그래서 돈이면 모든 것이 해결되는 세상인 줄 아는 이들이 많은 것도 사실이다.

오늘날 한국 사회는 어떠한가? 높은 청년 실업률과 대학 5학년, 직업 훈련소로 전락한 대학, 공부보다도 아르바이트로 힘겨운 대학생들과 생계형 범죄가 늘어나고 생활고로 인한 가족 동반 자살(살인)은 인정하고 싶지 않지만, 주변 뉴스를 보면 넘쳐난다. 이것은 개인의 문제라기보다 사회의 문제이다. 결국 돈의 소유가 국가뿐 아니라 개인에게도 적용이 된다. 돈의 소유가 그 사람의 능력을 판단하는 근거가 되었으며 인격을 판단하는 기준으로까지 된 것이다. 이것은 건강하지 못한 사회를 형성하게 된다.

경제와 지속가능개발목표

경제, 이코노미(economy)라는 영어 단어를 풀이하면 라틴어에 근거하고 있으며 집안(*oikos*)과 규칙(*nomos*)의 합성어이다. 즉, 집안 살림을 하는 규칙, 혹은 법칙을 뜻한다. 인간 삶에 있어서 필수적인 요소이지만, 이 단어 자체는 가치 중립적이다. 말 그대로 가정에서, 혹은 어떤 공동체에서 갖게 되는 일관된 규범으로 어떤 다른 요소에 의해 바꿀 수 있는 것이 아니다.

두 경제학자 아담 스미스와 막스 베버에 대해 그 강조점을 중심으로 살펴보면 다음과 같다. 아담 스미스(A. Smith, 1723-1790)는 현대 경제학의 대표적인 인물로 꼽힌다. 그는 대표적인 이론으로 자유방임주의를 주창했다. 자유방임주의란 개인이 자기 자신의 이익추구를 위해 경제활동을 활발히 수행한 결과 자신이 의도하지 않은 사회적 공헌이 야기된다는 이론이다. 그는 이를 '보이지 않는 손'으로 원리를 설명했다. 그의 대표 저작, 『국부론』의 원래의 명칭은 '국부의'로 자유방임주의적 경제이론의 효시이자 고전파 경제학의 기초를 형성하는 경제학 사상 중 가장 중요하다. 그는 근본자본주의 시대의 인간에게 무엇보다도 필요한 것이 '합리성'이라고 주장했으며 시장이 돌아가도록 만드는 핵심 요소는 신뢰, 도덕, 덕성임을 강조했다.

이에 반해 막스 베버(M. Weber, 1864-1920)는 근대 자본주의의 특징을 합리적인 판단에 근거한 예측과 계산 때문에 보다 능률적이고 효율적인 경제 행위로 진단했다. 근대 자본주의의 기준이 되는 정신은 첫째, 노동은 재산축적이나 생계를 위한 수단이 아니고 그 자체로 가치 있는 것이며 인간의 소명이라는 신념이다. 둘째, 경제적 판단의 근거로써 합리성에 따르기 때문에 합리적인 이윤추구와 재산추구를 가능케 해 주는 정직, 근면, 절약, 시간 엄수 등이 중요한 신념이다. 셋째, 인생의 쾌락이나 행복을 추구하는 대신에 금욕주의를 따르는 것이 경제적으로 성공뿐 아니라 일관되고 적절한 생활 태도를 보이게 해 준다는 신념이다. 하지만 이에 대한 부작용도 간과할 수 없다. 관료제가 공고해지고 사회의 전문화와 분업화를 촉진했으며 경직된 서열화와 비인간화를 낳는 원인이 되었기 때문이다.

빠른 세계화, 지구화 과정에서 소수의 부자에게 더 많은 부를 안겨주려는 방법으로 시장 인간이 출현하게 되었다. 세속화된 현대자본주의 시장체제 속의 시장 인간은 소비주의의 노예로 맘몬주의에 사로잡혀 돈으로 남을 지배하는 인간이기도 하지만, 결과적으로 부의 양극화를 양산하였다.

이러한 때에 식민성을 가속하지 않도록 하자. 기독교인이 된다는 것은 서구의 식민제국의 노예가 아니다. 주체적인 사람으로 창조된 자신을 찾아가는 노력이 필요하다. 자본이라고 하는 신자유주의 구조에서 자유롭지 않지만, 그렇다고 주저앉아 그대로의 식민성을 드러내고 강화하며 또다른 이에 대한 차별을 가해서는 안 된다.

2015년 유엔(UN) 총회에서 승인한 지속가능개발목표(SDG, Sustainable Development Goals)가 무엇인지 이를 통해 우리는 어떻게 수용해야 하는지 살펴볼 필요가 있다.

목표	내용
1	모든 국가에서 모든 형태의 빈곤 종식
2	기아의 종식, 식량안보 확보, 영양 상태 개선 및 지속 가능 농업 증진
3	모든 사람의 건강한 삶을 보장하고 웰빙(well-being)을 증진

4	모든 사람을 위한 포용적이고 형평성 있는 양질의 교육 보장 및 평생교육 기회 증진
5	성평등 달성 및 여성・여아의 역량 강화
6	모두를 위한 식수와 위생시설 접근성 및 지속가능한 관리 확립
7	모두에게 지속가능한 에너지 보장
8	지속적・포괄적・지속가능한 경제성장 및 생산적 완전고용과 양질의 일자리 증진
9	건실한 인프라 구축, 포용적이고 지속가능한 산업화 진흥 및 혁신
10	국가 내・국가 간 불평등 완화
11	포용적인・안전한・회복력 있는・지속가능한 도시와 거주지 조성
12	지속가능한 소비 및 생산 패턴 확립
13	기후변화와 그 영향을 대처하는 긴급 조치 시행
14	지속가능 발전을 위한 해양・바다・해양자원 보존과 지속가능한 사용
15	육지생태계 보호와 복구 및 지속가능한 수준에서의 사용 증진 및 산림의 지속가능한 관리, 사막화 대처, 토지 황폐화 중단 및 회복 및 생물 다양성 손실 중단
16	지속가능발전을 위한 평화적이고 포괄적인 사회 증진과 모두 가 접근할 수 있는 사법제도, 모든 수준에서 효과적・책무성 있는・포용적인 제도 구축
17	이행수단 강화 및 지속가능 발전을 위한 글로벌 파트너십 재활성화

이와 같은 내용이 사회와 교회의 교육현장에서 잘 전달되고 활용되었으면 한다. 이것 역시 더불어 살아가고 좀 더 약한 이들을 위한 쪽으로 기울어져 있는 목표설정이다. 그것은 환경위기, 국가 간 경제 양극화의 현실 속에서 지구를 하나 된 몸으로 받아들이고 아껴나갈 때

서로에게 영향을 주며 지속가능한 발전을 이룬다고 본 것이다.

성서를 통해 본 경제 이해

1) 일용한 양식

기독교가 경제 문제에 관심을 가져야 하는 이유는 인간이 지구상에서 다른 생명들과 어떻게 살아갈 것인가에 대한 윤리적 추구를 위한 것이다. 단순히 부를 축적하는 것이 되어서는 안 된다. 그 한 예로 예수께서 친히 가르쳐 주신 기도문이 있다. 그중에서 일용한 양식은 하루에 필요한 양, 즉 일용(日用)의 정도를 벗어나면 안 된다는 것이다. 예수께서 가르쳐 주신 기도(주기도)에 "우리에게 일용한 양식을 주시고~"는 매일매일의 적정한 분량에 만족하라는 것이다.

이와 비슷한 예로 구약성서에서의 '만나'를 들 수 있다.(민수기 11장, 여호수아 5장) 이스라엘 백성이 이집트를 탈출하여 가나안 땅을 향해 가던 중 광야를 횡단할 때 하느님께서 내려 주신 생명의 양식으로 전해져 온다. 만나가 "이게 무엇이냐"란 뜻답게 그 이후 한 번도 재현되지 않았다. 이 신비스러운 기적 이야기에서 '만나'는 규칙적으로 그리고 정기적으로 주어졌다는 것과 그 양이 엄청났다는 것, 그리고 하루 먹을 만큼의 양만 거두어들여야지 그 이상의 것을 거두었을 때는 상하게 되어 그다음 날에는 먹을 수 없었다는 것이다. 하지만 안식일을 위해 남겨 두었던 만나만은 썩거나 상하지 않았다. 인간의 탐욕은 과거나 오늘이나 계속되고 있지만, 만나는 우리에게 자족(스스로 만족)과 절제의 미덕을 보여준다.

2) 약자 보호

작은 자, 사회적 약자를 보호하라는 것이다. 인간에게 청지기 정신을 허락한 것은 자연뿐 아니라 여러 이유로 고통받는 이들을 보호하고 기꺼이 나누라는 명령이다. 자본이나 권력이 경제나 정치의 중심이 아닌 사람이 중심이 되는 사회를 꿈꿔야 한다.

성서의 시각으로 볼 때 과거에는 어떠했는지, 지금의 상황이 바람직한지 점검해 볼 필요가 있다. 구약에서는 어떻게 약자들을 이해하고 배려하는지 알아보자. 첫째, 7년간 땅을 쉬게 하는 안식년을 제정하여 생태환경을 보존하는 목적과 함께 7년째 소산물은 사회적 약자들이 가질 수 있도록 배려한 것이었다.(레위기 25장 4-7절) 둘째, 50년마다 모든 땅과 노예계약을 초기화할 수 있게 함으로써 가난의 대물림과 같은 구조적 가난을 근본적으로 해결하고자 한 희년제도를 실시하였다.(레위기 25장 9-10절) 실제로 적용한 예가 많지 않다고 하더라도 그 가능성을 상상하게 하는 것으로도 충분히 그 역할을 한다. 셋째, 사회적 약자를 위한 십일조 규정이 있었다.(신명기 14장 19-22절) 교회의 십일조 헌금과 사용에 대해 다시 생각해 볼 문제이기도 하다. 넷째, 잠언에서도 구제와 선행은 경건 되고 지혜로운 삶으로 묘사하였다.(잠언 3장 27절, 11장 24-25절, 19장 1절, 19장 17절, 28장 27절) 이처럼 경제적 의미는 부의 축적의 목적을 다시금 점검해야 할 이유가 된다.

성서에 나오는 한부모가족의 경제 이야기

열왕기하 4장에 나오는 한부모 가장은 예언자 생도의 아내였으나 남편이 감당할 수 없는 빚을 남기고 죽어 과부로 두 아들과 살아가는 여성이다. 채권자가 찾아와 빚 대신 아들 둘을 노예로 삼겠다는 말에 이 여성은 엘리사 예언자를 찾아가 해결하고자 했다. 당시 과부로서의 어려움을 자신의 탓으로 돌리기보다 적극적으로 도움을 요청했고, 그에 따른 해결에서도 그가 먼저 행동했다. 당시 대표적인 사회적 약자로 과부, 고아, 나그네가 있었는데, 남편과 사별한 과부로 두 아들과 살아가기에는 어려움이 많았을 것이다. 성서에는 다방면으로 과부에 관한 관심과 돌봄을 이야기하지만, 상대적으로 그러한 대우를 받지 못했다고 할 수 있다;

> 당신들이 사는 성안에, 유산도 없고 차지할 몫도 없는 레위 사람이나 떠돌이나 고아나 과부들이 와서 배불리 먹게 하십시오. 그러면 주 당신들의 하나님은 당신들이 경영하는 모든 일에 복을 내려 주실 것입니다.(신명기 14장 29절)
>
> 그 거룩한 곳에 계신 하나님은 고아들의 아버지, 과부들을 돕는 재판관이시다.(시편 68편 5절)
>
> 주님은 거만한 사람의 집을 헐어 버리시지만, 과부가 사는 곳의 경계선은 튼튼히 세워 주신다.(잠언 15장 25절)

위의 성서의 구절들은 과부의 실상을 고정하고, 과부를 일방적인 시혜의 대상으로 도움을 받고 힘없이 있어야 하는 존재처럼 보이게 한다. 하지만 본문의 과부이며 두 아들의 어머니였던 이 여성은 달랐다. 우리는 그의 지도력과 이웃과의 연대에 주목해 볼 수 있다. 엘리사를 찾아갔으나, 그의 지시에 따른 실천은 오롯이 여성의 몫이었다. 이웃을 찾아가고 이웃의 집에 있는 그릇을 빌린 것이다. 지금과 같이 그릇이 풍족하지 않은 상태에서 이웃들이 기꺼이 그릇을 빌려준 태도에 주목할 수 있다. 성서에 등장하지는 않지만, 그들은 자신들이 빌려준 그릇을 통해 기적을 경험했고 작은 도움과 돌봄의 중요성을 깨달았으리란 상상까지 하게 한다.

여성은 두 아들과 함께 행동했고 기름이 그릇마다 채워지는 기적을 경험했다. 그러나 이에 그치지 않고 여성은 엘리사를 다시 찾아 확인시킨다. 엘리사는 여성에게 기름으로 빚을 갚고 경제활동을 하라고 지시한다. 이 여성이 찾아가서야 비로소 엘리사는 지시를 내린다. 여기서 하나님의 기적을 체험한 여성의 입장에서 보면 단순히 지시를 한 엘리사보다 적극적으로 사건의 해결을 위해 노력한 여성이 돋보인다. 경제적 위기에 머물지 않고 믿음의 행동을 한 것이다. 두 번의 지시를 하는 하나님의 사람은 엘리사이지만, 여성이 더 적극적으로 사건의 해결을 위해 알리고 노력한 흔적을 찾을 수 있다.

신약에 나타난 경제 이해

예수는 반복해서 부자가 되기보다 가난한 자를 섬기며 자신의 것을 나눠주라고 가르친다. 이를 통해 기독교는 확장되었고 사회의 버팀목의 역할을 하였다. 첫째, "오른손이 하는 일을 왼손이 모르게 하라"(마태복음 6장 3절)는 것으로 대놓고 돕기보다 은밀하게 돕는 것이 중요하다고 알려준다. 둘째, "주린 자, 목마른 자, 나그네, 헐벗은 자, 병든 자, 옥에 갇힌 자, 목마른 자 등 지극히 작은 자 하나에게 한 것이 곧 하나님께 한 것이다"(마태복음 25장 31-46절)라는 말씀을 통해 위로 향하지 않고 아래로 향해 살아가는 것이 참 신앙인의 모습이라고 알려준다. 셋째, "하나님을 사랑하고 이웃을 나 자신과 같이 사랑하는 것이 하나님의 최고의 계명"(마태복음 22장 39절)을 알려주시며 자신을 사랑하는 것이 전제되어야 이웃을 사랑할 수 있다고 알려준다. 나아가 이웃사랑이야말로 최고의 계명으로 율법을 완성한다. 누가 나의 이웃인지에 대해 또한 나는 누구의 이웃이 되어야 하는지 자문해 보았으면 한다. 넷째, 예수의 가르침을 받은 초대교회 역시 신분이나 빈부차이에 상관없이 서로의 필요에 따라 재산을 나눈 공동체를 이루었다.(사도행전 2장 44-47절) 다섯째, 초대교회에서 구제와 자선을 전담하는 집사 직분을 세웠다.(사도행전 6장 1-7절) 그렇게 해서 집사는 병자, 가난한 자, 과부나 고아와 같은 취약계층, 그리고 죄인들을 방문하여 이들에게 필요한 것을 확인하여 교회 감독에게 보고하고, 그들에게 필요한 구호품을 전달하는 역할을 감당하였다. 이것은 오늘날로 하면 사회복지사라고 할 수 있으며 지금의 집사와는 다르지만, 교회의 구성원이 고민해 보아야 할 부분이다.

성서에 나타난 경제정의

성서에는 500개가 넘는 구절이 약자를 억압하고 착취하는 것을 비난하는 내용을 담고 있다. 성서는 구조적 악에 대해 사회경제적 정의를 구현할 것을 요구하고 있다. 성서의 예언자들은 경제적·사법적·사회적 권리를 빼앗긴 자들을 회복시키는 것이 하나님의 정의이며, 이러한 억압과 착취를 계속하는 자들을 심판하는 것이 하나님의 공의를 세우는 일로 생각했다. 성서가 요구하는 경제정의는 약자와 동일시(同一視)하는 것이며, 모든 이들이 하나님 안에서 사랑으로 사귀고 소통하는 운명공동체이다. 성서에는 가난한 자나 약자들은 저주받았다거나 게으르고 무능력한 자라기보다는, 오히려 하나님의 백성이며 복음을 받을 만한 자격이 있는 사람으로 부유한 사람들보다 위에 두고 있음을 기억해야 한다.

> 믿음은 사회적으로 자선을, 공적으로 정의를 낳는다. 성경적 믿음은 공적인 삶 가운데서, 예수님처럼 자선과 공의를 나타내는 것이다.(짐 월리스 Jim Wallis)
>
> 정치의 영향은 위정자의 출세와 몰락에 있는 것이 아니라, 밥 한 그릇에 국 한 그릇 먹는 우리들의 하찮은 밥상에 있는 것이다.(이태영 박사)

이는 성서의 정신과 어긋나지 않는다. 사회 문화적 다양성이 보장되면 특정 이슈에 대한 입체적 조명과 사고의 지평을 넓혀 준다.

맘몬에 대한 이해와 성서의 대안

맘몬(Mammon)은 부요, 탐욕을 뜻하며, 여기서 나온 맘모니즘(Mammonism)은 물질만능주의이다.

> 아무도 두 주인을 섬기지 못한다…. 너희는 하나님과 재물을 아울러 섬길 수 없다.(마태복음 6장 24절)

맘몬의 체제에서 분배는 중요하지 않다. 총생산이 극대화되면 분배는 자연히 향상된다고 주장한다. 하지만 자본주의가 발전된 사회일수록 경제적 양극화 현상은 뚜렷해짐을 알 수 있다. 성서와 예수는 자본주의에 배치되는 정신을 기독교인들에게 지속적으로 요구한다.

> 부자가 하나님 나라에 들어가는 것보다 낙타가 바늘귀로 지나가는 것이 더 쉽다.(마태복음19장 24절)
>
> 너의 보물이 있는 곳에는 너의 마음도 있을 것이다.(마태복음 6장 21절)
>
> 돈을 사랑하는 것은 모든 악의 뿌리입니다. (디모데전서 6장 10절)

부에 대한 삶의 태도-청빈론과 청부론

기독교에서는 이에 근거해 청빈론(清貧論)을 말해 왔다. 즉 자발적 가난을 의미한다. 오래 전부터 내려온 탁발수도회 전통을 들 수 있다. 그렇다고 부에 대해서 부정적인 것만은 아니다. 최근 들어 깨끗한(책임 있는) 부자(청부론 清富論)에 대한 논의가 활발한 것이 사실이다. 노블레스 오블리주(noblesse oblige, 사회고위층 인사에게 요구되는 높은 수준의 도덕적 의무)를 실천하고 있는 부자들을 말한다.(빌 게이츠, 워런 버핏) 세계화(globalization)는 여성과 어린이, 노인과 같은 약자들을 더 가난과 폭력에 노출하고 희생시키면서 이뤄가고 있다. 전 세계 빈곤층이 13억 명인데 이중 여성이 약 70%를 차지한다. 국제적인 외채 부담이 있고 상대적으로 남반부에 있는 국가들의 어려움이 크다. 아프리카는 식민지 중반기 시절보다 더 가난한 상태이다. 세계화는 가부장제 식민제국의 형태로 희생을 강요하고 가난한 사람을 배제하며 고스란히 위기와 어려움은 약자의 몫이 될 때가 많다. 따라서 청부론에 근거한 부자들의 역할이 더 중요한 시기인 듯하다.

경제의 문제를 사회(공적) 복음에 대한 이해로 볼 수 있다.

첫째, 돈에 관해 청지기 정신을 가질 필요가 있다. 가난은 수치가 아니라 불편할 뿐이다. 부유함은 자랑이 아니라 편리할 뿐이다. 20세기에 들어서면서 두 차례에 걸친 세계대전을 경험한 기독교회는 사회참여를 강조하는 '사회 복음' (공적 복음, Social Gospel)에 대한 논의가 활발해지면서 교회가 공공복지 영역과 인권, 노동, 환경, 정치 등 다양한 공공 문제에까지 관여하게 되었다.

둘째, 사회(공적) 복음은 산업사회와 자본주의 체제에 구조악(構造惡)으로 인해 발생하는 노동자와 가난한 자들의 정의를 위해서 힘썼으며, 이 땅 위에 정의와 평화가 실현되는 하나님의 나라를 세우려는 사회구조개혁과 사회 행동의 실천에 주력하는데 기반을 마련하였다. 이제는 개별 교회나 지역사회 혹은 개별 국가 차원을 넘어서서 전 세계적인 구호와 사회발전을 위해 노력해야 한다.

경제를 통한 성서적 전망

이 세상에서 제일 불쌍한 사람은 '줄 것이 없는 사람' 이라고 할 수 있다. 하지만 그 사람보다 더 불쌍한 사람은 '줄 마음이 없는 사람' 이라고 할 수 있다. 양극화는 어쩌면 가진 자의 탐욕이기보다 현재를 살아가는 우리의 탐욕에서 비롯된 것은 아닐까? 이로 인한 기회 위기, 불안전한 사회망에 대해 인식해야 한다.

자본주의 사회를 살아가면서 경제 문제에 대해 자유로울 수 있는 사람은 없다. 하지만 그것이 목적이 되어 살아가는 사람처럼 어리석은 사람도 없다. 예수를 따른다는 것은 나눔과 섬김의 좁은 문으로 들어간다는 뜻이다. '더 빨리, 더 높게, 더 강하게 살라'는 한 CF 광고 문구와 '더 느리게, 더 낮은 곳을 향하여, 더 약하게 살라' 는 예수의 가르침 중 우리가 어떻게 응할 것인가는 각자의 선택과 지혜에 달려있다.

참고자료

김근주 외.『노동하는 그리스도인』대장간, 2018.
김근주.『복음의 공공성』비아토르, 2017.
배덕만 외.『권력과 맘몬에 물든 한국교회』대장간, 2016.
짐 월리스.『하나님의 정치』정성묵 역. 청림, 2010.
한국여성신학회 편.『자본주의시대, 여성의 눈으로 성서를 읽다』동연, 2020.

영화
「어메이징 그레이스」(2018),「기생충」(2019)

10장 _ 성서와 성평등 이해

중심 단어와 주변 단어

다말, 밧세바, 성폭력, 성인지 감수성

♬ 들어가기 전에

1. '성평등' 하면 생각나는 것은 무엇인가요? 양성평등과 어떤 차이가 있을까요?
2. 페미니즘과 기독교(성서)를 연결해 본 적이 있나요?

최근 일부 대형보수교회를 중심으로 차별의 강도는 거세지고 있다. 사실 오랜 기독교 역사를 통해 성서해석을 바탕으로 한 이스라엘 선민사상, 여성 혐오 사상, 이방(외국) 종교배척 사상이 전해지고 강화된 면이 있다. 그 배후를 들여다보는 것이 중요하다. 성서의 모든 내용이 차별을 담고 있지도 지향하지도 않는 것을 기억하면서 말이다. 그럼에도 우리가 지금껏 들어온 대로 읽으려 했고 그것은 상당히 편협하고 왜곡된 해석에 머물 때가 많았음을 인정해야 한다. 본문이 현재 우리에게 주는 의미를 독자적으로, 비판적으로 생각하지 않고 적용하는 것은 자칫 위험할 수 있다. 따라서 좀 더 인권적인 측면에서 정의롭고 주변부의 목소리를 살리면서 성서를 읽을 때 보다 하나님나라, 하나님의 의에 가까워지는 것이다. 물론 사회와의 소통, 지식의 확장을 위해서도 필요하다.

성에 대한 차별은 인류 역사상 가장 오래된 것이다. 성서에서도 예외는 아니다. 여성은 인구수에도, 족보에도 들어가지 않는 그런 존재였다. 하지만 다시 보면 인구수를 계수한다는 것은 당시 전쟁에 참여할 군인이 얼마나 되는지 알아보기 위한 통계에 사용된 것으로 보면 엄밀하게 성차별은 아니다. 또한 족보가 주로 남성에게로 이어지는 것이었고, 이스라엘 왕조사에서도 모두 남성 왕만을 말하는 듯하지만, 예수의 족보를 보더라도 5명의 여성(다말, 라합, 룻, 밧세바, 마리아)이 들어가는가 하면 기본적으로 어머니의 존재를 인정할 수밖에 없다. 또한 분열 왕국 시대에 남편과 아들을 잃고 유다의 정통성을 이은 여왕 아달랴 역시 짧게 언급되고 부정적으로 평가하지만(열왕기하 9장, 역대하 22-23장), 여왕이 전혀 없었던 것은 아니다.

엘리자벳 캐디 스탠턴(Elizabeth Cady Stanton)은 미국 사회에서 최초로 여성 신학적인 문제를 제기한 인물이다. 그녀는 여성 운동가이며 이론가로서 중요한 활약을 했으며 1898년에 『여성의 성서(*The Wom-*

an's Bible)』라는 책을 출판하였다. 이 책은 미국과 유럽의 25명의 여성으로 구성된 위원회에 의하여 나왔는데, 여성이 언급된 성서의 내용을 여성의 시각으로 해석한 최초의 저서가 되었다. 당시에 성서가 성평등 운동의 걸림돌로서 작용한 것이 이 책의 출판 동기이다. 여성운동을 반대하는 사람들에 의하여 성서는 반대의 이유를 제시하는 근거가 되었기 때문이다. 따라서 성서 안의 성폭력의 예를 통해 근본적 문제를 제기하여 오늘과 연결하고자 한다.

성서의 여성 이해

실제 이스라엘 여성들의 삶과 성서 저자들의 삶의 정황들을 추론하면서, 배제된 것들이 무엇이었는지를 고려하는 것이 필요하다. 모르톤 스미스(Morton Smith)가 지적한 대로 특정한 입장을 선호하는 모든 태도는 그 반대 견해가 존재하고 있음을 암시하는 것이다. 우리는 성서가 많은 여성의 역할들과 그들의 삶의 중요한 면들을 배제한 편집된 작품이라는 것을 알아야 하고 밝혀야 할 것이다.

아직도 성서의 여성에 대한 평가는 긍정적이지 않다. 역사적으로 많은 선행 연구들을 통해 볼 때 여성들은 주로 가정 안에서 역할을 했으며, 이는 성서의 배경을 이뤘던 이스라엘 사회의 문화적 이해가 그대로 반영되었다. 따라서 다른 관점으로 여성에 대해 생각하기가 쉽지 않았다. 그러나 이를 그대로 받아들이지 않았던 캐디 스탠턴을 비롯한 신앙의 여성 선배들을 따라 성서를 새롭게 해석하고 이를 발전, 전수해야 할 의무가 우리에게 있는 것이다.

한국사회의 오랜 가부장제적 문화가 기독교에 어떤 영향을 끼쳤는지 그 특성을 살펴보면 다음과 같다.

첫째, 남성 중심의 유교적 기독교 문화를 들 수 있다. 세부적으로 들어가 가족주의는 혈연중심주의를 통해 입양이나 재혼 등에 대해 부정적으로 보게 했고, 나아가 교회와 교단 역시 개교회 중심주의, 교단 중심주의를 낳았다. 남성중심주의는 그간 대표성을 남성 목회자와 장로가 가짐으로 인해 실제 많은 여성의 위치가 낮은 것에 비해 복종을 강조하고 성 역할 고정관념에 기초해 교회의 주방이나 동원되는 역할만 많이 차지하게 되었다.

둘째, 근본주의 성서해석과 신학에 기초한 교회문화라고 할 수 있다. 이로 인해 성차별, 성소수자 차별, 외국인을 비롯한 종교 차별 등 다양한 차별을 낳게 되었다. 셋째, 기복적인 신앙생활로 삶과 신앙이 분리되어 개인의 복과 가족이기주의에 기초하고 사회적 문제에 관한 관심이 결여되어 있다.

나아지고는 있지만 위와 같은 특성들은 사회에서 요구하는 인권 감수성이나 성인지 감수성을 따라가지 못함으로 인해 더 큰 문제를 야기하고 있다. 하나의 예로 차별금지법 반대이다. 사실 세계유엔기구에서 권고하고 많은 선진국을 비롯해 우리나라 역시 인권 수준을 판가름할 수 있는 척도가 되는 차별금지법을 기독교인들이 앞장서 반대하고 있는 현실이다. 하나님이 자신의 형상을 따라 어느 편견이나 차별 없이 존엄한 존재로 창조하셨다는 것을 고백하는 신앙인으로서 부끄러울 뿐이다.

구약시대의 여성 이해와 성폭력

성평등을 말하기에 앞서 성서의 성차별, 성폭력 이야기를 하지 않을 수 없다. 이런 불편한 이야기를 숨기고 싶어하는 이들에 의해 잘 전해지지 않고 있지만 말이다. 성서는 아름답고 좋은 이야기만 기록하지 않았다. 구약시대에는 오늘날의 개인화된 사회가 아닌 사회적 관계가 높이 평가된 사회였다. 신명기에서는 성적 행위의 대상이 되는 여성의 법적 지위를 기혼여성, 약혼 여성, 약혼하지 않은 여성으로 나누고 있다.(신명기 22장)

구약성서는 개인의 정신적인 상황이나 상처보다는 사회적인 보호규정을 중요하게 다룬다. 가임기 여성에 대해 오늘날과 같은 피임방법, 의료시설이 없는 상황에서 공동체가 함께 지켜내야 했기 때문이다. 종종 성폭력은 남성지배구조와 연결되어 일어나기도 했다.

> 이러한 성폭력적인 본문들을 접하는 이유는 성서적 유산을 되찾아야 하는 일뿐만 아니라 성서 속의 여성들이 겪었던 고통의 기억을 생생하게 되살리는 일을 일차적 과제로 삼는다. 그래서 가부장적 억압의 역사만이 아닌 해방과 희망의 역사로 재구성해야 한다. (피오렌자 E. S. Fiorenza)
>
> 진정한 성서해석은 '권력의 분산'을 지향한다. 남자에게 집중된 권력, 부자에게 집중된 권력, 특정 지역과 나라에 집중된 권력, 그들에게 권력을 집중시키는 성서해석은 분명히 새로운 빛을 필요로 한다. 이러한 맥락에서, 여성 신학은 성적인 불평등에서 시작한 해

석의 기반을 폭로하고, 새로운 지평에서 진정한 화해를 지향한다. (김호경 교수)

여성을 대상으로 한 차별, 폭행, 살인 등은 가부장제 안에서 남성이 '남자다움'을 획득해야지만 살아남을 수 있다는 것을 강제적으로 학습한 결과라고도 본다. 페미니즘(여성학)연구를 통해 남성 역시 성역할에 대해 갈등한다는 것을 발견한 것은 큰 성과이다.

성폭력과 기독교

최근 들어 성인지감수성과 인권에 대한 인식이 높아지면서 사회적으로 많은 것이 변했다. 대표적인 예가 자신이 겪은 성폭력 경험을 알리는 미투(Metoo)운동이라고 할 수 있다. 그것은 미투를 지지하며 고통에 함께하겠다는 위드유(Withyou)가 있기에 가능했다. 예전에도 유사한 사례와 폭로가 있었지만, 현재와 같은 결과를 끌어내지 못했다. 피해자가 고통 속에 죽음을 생각하는 그 시간에도 가해자는 피해 여성을 탓하며 당당하게 활보했으며 사회적으로도 용인되었다. 이는 교회도 마찬가지다. 그 원인에 대해 최만자 박사는 한국 교회문화의 하위문화로서 여성문화의 특징에 대해 유교적 기독교 문화, 근본주의 신학의 문화, 여성들의 신비주의적, 기복적 신앙행태 등을 소개한다. 여성이 남성의 도구적 존재로 대상화되며, 혹 성폭력을 경험했다 해도 가족 명예를 중시하는 속에서 피해자인 여성은 가해자를 고소하기보다 홀로 그 고통을 감당해야 했다.

교회는 성폭력에 대해 안전한 공간일까? 절대 그렇지 않다고 생각한다. 오히려 그루밍(grooming, 길들여짐)과 같은 친족 성폭력과 유사한, 가장 가깝다고 믿는 존경해온 목회자로부터의 성폭력이 있는 곳이기도 하다. 성폭력이란 권력이나 힘의 차이를 이용하여 동의 없이 상대방의 성적 자기결정권을 침해하는 신체적, 언어적, 정신적 폭력을 말한다. 그 예로 음란 전화나 문자, 강간, 강간 미수, 성추행, 성적 희롱, 스토킹, 영상매체와 카메라를 이용 유포 등이 포함된다. 도서출판 대장간에서 2014년 출간한『숨바꼭질: 스타 목사 전병욱의 불편한 진실』에 의하면 전병욱 전 삼일교회 목사의 성추행 피해자 8명의 진술이 담겨 있다. 하지만 해결은 커녕 피해자가 더한 고통 속에 침묵하게 하며 가해자는 당당하게 살고 있는 현실이다. 우리는 이에 분노했지만, 사회법으로도 적용되지 않는 교회법 내에서 처벌은 솜방망이에 불과해 왔다. 현실적인 교회법 개정과 적용도 중요하지만, 이를 뒷받침할 성서의 성폭력 본문에 대한 해석과 이해는 더욱 필수적이라고 생각한다.

이에 이스라엘 왕조 역사 속에서 가장 대표적인 왕, 다윗이 밧세바에게 가한 성폭력 행적을 들춰보려고 한다. 다들 주지하는 대로 다윗 왕조 신학을 형성하며 신명기 역사가(여호수아, 사사기, 사무엘상,하 열왕기상,하)나 역대기 역사가(역대상,하)를 중심으로 구약의 역사, 유대교와 기독교로 이어지는 교회 역사 속에서도 워낙 중요한 인물이기에 함부로 비판하길 꺼리는 경향이 있다. 하지만 침묵을 깨고 목소리를 내야 한다. 또한 성서 속의 밧세바가 경험한 성폭력 피해생존자에서 권력자까지의 목소리를 듣고자 할 때, 오늘의 사회와 소통하며 하나님의 더욱 중요한 뜻을 발견할 수 있게 될 것이다.

성폭력에 대해 전통기독교가 갖는 배경을 살펴보면 첫째, 이원론적 사상을 들 수 있다. 그간 성(몸)에 대해 긍정하고 장려하기보다 터부시해 온 결과이다. 둘째, 남성중심적 사고 및 고정관념으로 남성이 여성과 어린이에게 성적인 접근과 성폭력 행위를 한 것에 대해 미온적으로 대처하며 때로는 정상적인 것으로 묵인해 온 결과이다. 셋째, 강간의 책임 문제이다. 오히려 그 잘못이 피해자 여성에게 전가되고 남성에게 면죄부를 준 것이다. 결국, 피해자에게 엄청난 이중의 고통을 전가하는 방식으로 오늘에까지 이어졌다고 할 수 있다.

교회 내의 성폭력의 특성

교회 내 성폭력은 교회나 기독교기관, 선교단체 등 기독교공동체의 구성원 간에 발생한다. 그루밍(Grooming) 성범죄란 성범죄자가 피해자를 성적으로 학대하거나 착취하기 전, 피해 대상에게 호감을 얻고 신뢰를 쌓은 뒤 행하므로 교회내에서 이뤄지는 경우가 많다.

성서의 많은 예가 왜곡된 성을 이해하게 하는 부정적 역할로 작용함을 알아야 한다. 교회는 비폭력지대가 아니며 성폭력과 무관한 장소도 아니라는 것을 인정해야 한다. 자발적 동의가 없는 타율적인 성관계는 성행위가 아니라 성을 무기로 삼은 폭력행위라는 사실을 인식해야 한다. 결국, 성폭력에 대해 침묵하는 것은 성폭력이 존재할 수 있는 전제조건을 만드는 것일 뿐이다.

성서 속 성폭력 본문들

성서에는 거룩하고 올바른 삶의 태도만이 기록되어 있다고 아직 아는 사람은 없을 것이다. 때론 불편하고 피하고 싶은 다양한 예들을 앞선 장에서 살펴보았다. 성에 관한 문제도 예외는 아닌데, 구체적인 인물은 야곱의 딸 디나(창세기 34장), 레위인의 희생당한 아내(사사기 19-21장), 다윗에게 강간당한 밧세바(삼하 11장), 다윗의 딸 다말(삼하 13장)을 들 수 있다. 이외에도 직간접적으로 성폭력 피해 여성으로 규정할 수 있는 이들은 많다. 여성들은 주로 00의 딸, 00의 아내, 00 장소의 여성으로 이름 없이 등장하기도 한다.(롯의 딸들, 아브라함의 아내, 이삭의 아내, 입다의 딸, 기브아 노인의 딸, 수넴의 여성, 아벨의 지혜로운 여성 등) 이름이 없다기보다 분명 이름이 있었지만 기억되지 않은 것으로 이해해야 한다. 그만큼 성서에서 여성이 이름을 가지고 등장하는 것은 큰 의미가 있다. 출애굽기의 히브리 산파 십브라, 부아와 민수기의 슬로브핫의 5명의 딸들(27장, 말라, 노아, 호글라, 밀가, 디르사)이 그런 예이다.

성폭력 피해자에서 생존자로 기억해야 할 여성

1) 디나(창세기 34장)

야곱의 딸로 유일하게 기록된 디나의 삶은 12명의 남자 형제들과는 다른 삶을 산다. 이웃 나라, 엄밀히 말해 이웃 하몰부족의 대표자의 아들 세겜에게 성폭행을 당했고 이를 용감한(?) 오빠들에 의해 해결되었다고 전해진다. 하지만 그간 교회에서는 성폭력 피해자인 디나가 행동을 조심하지 않아서 당한 것이라는 2차 가해를 하는 경우가 종종 있었다. 세겜은 간절히 디나를 사랑했기에 디나의 오빠들이 제안한 할례를 자신의 부족 남성 모두가 받도록 설득했고 실제로 행한 것이다. 그 틈을 이용해 침략하고 전쟁을 일으킨 것에 대해 새롭게 이해할 필요가 있다. 여동생 디나를 위해 더 회복과 치유로 이어져야 했지만, 자신들의 권력욕을 보이는 복수로 포장한 것이었다.

2) 밧세바(사무엘하 11장)

잘 알려진 대로 밧세바는 다윗 휘하에 있었던 군인 우리아의 아내였다. 다윗은 전쟁 중인 상황을 뒤로하고 궁에 있었고 밧세바를 불러내어 성폭행한 것이다. 이로 인해 아기를 갖게 되자 다윗은 그의 남편 우리아를 전쟁에서 돌아오게 해 밧세바와 성관계를 하게 해서 우리아의 아이로 둔갑시키려 했다. 하지만 계획대로 되지 않았다. 오히려 우리아는 자신만 편히 지낼 수 없다고 하면서 아내가 있는 집에서 자지 않고 성문 앞 문지기들과 잠을 자며 다윗의 계획이 실패로 돌아갔다. 아는 대로 우리아를 전쟁에서 죽게 함으로써 밧세바를 아내를 맞이할 명분을 얻었지만, 다윗의 간음죄, 간접살인죄를 벗어날 수 없다. 나단 예언자조차도 밧세바가 아닌 다윗의 잘못만을 지적하는 것을 기억할 필요가 있다. 비록 첫째 아기는 죽었으나 그 후에 태어난 아이 솔로몬은 성장하여 다윗의 다음을 잇는 왕이 되었다. 그 중심에는 피해생존자로 역할을 한 어머니 밧세바가 있었을 것이다. 하지만 역대기서에는 이러한 다윗의 부정적인 내용이 빠져있다.

3) 다말(사무엘하 13장)

다말은 야곱의 딸 디나처럼, 다윗의 유일한 딸 이름으로 등장한다. 대략의 줄거리는 다윗의 첫째 아들 암논이 이복여동생 다말을 사랑(아하브)하여 병까지 나게 되었다고 한다. 그의 친구 요나답(다윗왕 시므아의 아들, 사촌형)은 암논에게 조언을 해줬고 그대로 하여 다말을 강간하였다. 다말은 아무 영문도 모르고 아버지 다윗의 말을 듣고 병이 난 오빠를 위해 맛있는 음식을 만들어갔을 뿐이었다. 다말의 예는 오늘날 성폭력이 예고 없이 닥치는 모습과 유사하다. 그래도 다른 성폭력 피해 여성과는 다르게 다말은 암논을 설득하고 결혼에 대해 구체적으로 제시하지만, 이미 암논은 다말이 미워져 떠났다고 이 성서 본문은 전한다. 이는 창세기 34장에서 디나를 성폭행하기는 했지만, 진심으로 사랑하여 자신의 부족 모든 남성을 설득해 할례를 받게 하고 결혼하려 했던 세겜과 대조적이다. 다윗의 유일한 딸로 등장했으나 불운의 인물일 뿐이다. 그녀는 상당히 설득력 있게 자신의 목소리를 냈으나 암논에 의해, 압살롬에 의해 무시되었다. "이렇게 하지 마십시오. … 내가 이런 수치를 당하고서 어디로 갈 수 있겠습니까? …" 자신의 억울함을 나눌 공동체나 공동체의 법적 조치는 없었고 침묵을 강요받았다. 2가지 요구(결혼, 충분한 배상금, 출애굽기 22장 16-17절; 신명기 22장 28-29절)를 할 수 있었으나 아버지 다윗은 그렇게 하지 않았다. 2년이 지나 친오빠 압살롬은 여동생의 억울한 피해를 왕위 권력의 도구로 사용한 것이다. 압살롬은 왕위 서열 1위인 암논을 죽이게 되었다. 이를 전통보수적인 시각에서는 결과만을 강조해 다말의 원수를 오빠 압살롬이 갚아 주었다고 하지만, 사실 오랜 시간 동안 아버지 다윗도, 압살롬도 어떤 행동 없이 침묵하고 기다리게 한 잘못에서 자유로울 수는 없을 것이다.

성폭력 사건을 대하는 바른 예

우리가 성폭력 피해자의 이야기를 듣게 되었을 때, 보여주어야 할 가장 중요한 것은 그의 이야기에 귀를 기울이고 공감하며 나아가 지지하는 모습이다. 그 피해자가 마음을 열어 말하기까지 상당한 용기가 필요했을 것이다. 우리가 처음 이러한 이야기를 듣는다면 매우 놀라고 당황스러울 수 있다. 하지만 이를 그대로 이해하고 받아들이기 어렵다 하더라도 피해자의 말을 경청하는 것은 필요하고 중요하다. 나아가 피해자에게 섣부르게 용서하라는 말이나 가족 명예 등을 생각해 잊으라는 말을 해서는 안 된다. 결국, 피해자가 담당해야 할 몫이 무엇인지 다는 모른다 해도 피해내용을 듣고, 알고 있는 사람으로서 할 수 있는 일은 가해자를 처벌하는 데까지 관심을 가져야 한다는 것이다. 자칫 피해자만 남고 가해자는 사라져 버릴 수 있음을 기억하자.

한국 사회와 미투, 위드유

한국 사회는 1980년대 이후 3S 정책(Sex, Screen, Sports)과 함께 경제성장이 이루어지면서 성산업의 내수가 활발해져 주거지역까지 성매매가 확산하였다. 성매매 공급이 수요보다 상대적으로 부족해지자 납치 등의 인신매매 형태로 성산업에 여성들을 공급하기도 했다. 이처럼 성매매가 불법임에도 불구하고 당시 정부 차원에서 공공연하게 성매매를 조장하기도 하였다. 미군부대를 중심으로 '기지촌 여성' 들은 사회적으로 용인되기도 했다. 디지털 성범죄를 비롯해 훨씬 지능화, 조직화되는 한국의 불편한 성문화의 모습이기도 하다. 현실을 경험하며 한국문화 일부로 받아들이게 된 면이 있다. 처음부터 성매매(성을 사고 판다는 의미로 두 주체를 넣음)란 단어를 쓰지는 않았다. 매춘녀(봄을 파는 여성), 윤락녀(타락한 윤리를 가진 여성)라는 단어는 여성에게만 해당되는 차별적이고 불평등한 단어로 오랫동안 사용되었다. 최근 한국의 경제성장은 긍정적인 면도 있지만 물질만능주의의 소비문화는 성산업에 유입되는 여성들이 증가하기도 했다. 이들의 나이가 점점 낮아지고, 한국보다 경제적 여건이 열악한 나라에서 온 여성들로 대체되는 것이 현실이다.

하지만 한국사회는 성인지 감수성의 증가와 함께 성매매가 여성에 대한 심각한 인권침해라는 인식이 확장되고 있다. 우리는 최근 문학계, 스포츠계, 교육계, 종교계 등에서 나온 미투를 잘 알고 있다. 많은이들이 위드유로 함께 하고 있다. 이에 피해자는 적극적인 목소리를 내며 저항의 의지를 보여야 하고, 가해자는 진정한 반성을 통해 상호관계성이 회복되어야 한다. 그것은 보다 정의롭고 건강한 교회와 사회가 되기 위한 필수적인 단계라고 할 수 있다.

> 유대 사람도 그리스사람도 없으며, 종도 자유인도 없으며, 남자와 여자가 없습니다. 여러분 모두가 그리스도 예수 안에서 하나이기

때문입니다.(갈라디아서 3장 28절)

> 페미니즘은 성차별주의와 성차별주의에 근거한 착취와 억압을 종식시키려는 운동이다. (벨 훅스 bell hooks)

연대하는 페미니즘과 성서적 전망

그동안 서구 유럽을 중심으로 백인, 중산층, 혹은 상류층 남성들이 학문이나 정치, 사회, 종교 면에서 주류를 이뤄왔고 그것은 하나의 권력이 되었다. 그 기득권을 불편해하고 내려놓으려는 사람들이 있다. 한국사회에서도 마찬가지이다. 그러기에 우리는 더 적극적으로 이 남성들에 대해 변화를 위한 잠재적 동지로 생각할 필요가 있다. 억압에 저항하여 함께 투쟁해온 남성들이 존재했었고 지금도 존재하기 때문이다. 따라서 우리는 기득권을 가진 남성을 포함하여 여러 경계를 넘어 연대하도록 힘써 노력해야 한다.

> 페미니즘은 힘을 인식하고 그 힘을 인종, 계급, 장애, 젠더와 무관하게 모든 사람에게 똑같이 나눠주기 위해 싸운다. 페미니즘은 멈추어 있지 않다. 한 번도 멈춘 적이 없다. 도리어 끝없는 변화를 요구한다.(코트니 서머스 Courtney Summers)

우리는 올바로 알기 위해 페미니즘을 공부해야 한다. 집단이기주의에서 벗어나 보편적 인권으로 정의로 나아가야 페미니즘이다. 그동안 공기처럼 함께 있는 성차별을 비롯한 여러 차별의 문화를 바꾸어가는 것이 필요하다. 공기 중에 바이러스가 있어 생명을 잃게 할 수도 있다는 것을 기억하자. 페미니즘, 여성 신학이 복음이 되도록 그렇게 했으면 좋겠다. 잘못을 들추기만 하는 것이 아닌 보듬고 그간 그런 대우를 받지 못한 이들과 함께 하는 것이야 한다. 개인의 문제에서, 여성의 문제로 다시 모든 소수자 인권문제로 페미니즘의 정신은 확대 적용되어야 한다.

참고자료

권김현영. 『다시는 그전으로 돌아가지 않을 것이다』 휴머니스트 출판그룹, 2019.

김호경. 『여자, 성서 밖으로 나오다』 대한기독교서회, 2006.

벨 훅스(bell hooks) 『페미니즘 이론: 주변에서 중심까지』 윤은진 역. 모티브북, 2010.

이경숙 외. 『여성이 읽는 구약성서개론』 대한기독교서회, 2005.

이진오 외. 『숨바꼭질: 스타목사 전병욱의 불편한 진실』 대장간, 2014.

최만자. 『여성의 삶, 그리고 신학』 대한기독교서회, 2004.

코트니 서머스 외. 『나다운 페미니즘』 박다솜역, 창비, 2018.

한국여신학자협의회 기독교여성상담소. 『교회성폭력예방지침서』 여성신학사, 2018.

Christ, Carol and Plaskow, Judith. eds. *Woman Spirit Rising: A feminist Reader in Religion* 『여성의 성스러움-페미니스트종교비평 에세이』 김명주 외 역. 충남대학교출판문화원, 2011.

Niditch Susan. "Portrayals of Women in the Hebrew Bible," *Jewish Women in Historical Perspective*, Judith R. Baskin ed. Wayne State University Press, 1991.

영화

「히든 피겨스」(2017), 「82년생 김지영」(2019)